V

13478

APPEL AU BON SENS

DE

TOUTES LES NATIONS

QUI DÉSIRENT VOIR SE GÉNÉRALISER CHEZ ELLES

L'ENSEIGNEMENT MUSICAL.

PAR

ÉMILE CHEVÉ,

Chevalier de la Légion d'honneur, ancien chirurgien de la marine royale,
PROFESSEUR DE MATHÉMATIQUES, DE MÉDECINE ET D'ANATOMIE,
PROFESSEUR DE MUSIQUE VOCALE ET D'HARMONIE.

> Et on n'allume point la lampe pour la mettre sous le boisseau, mais sur un chandelier, et elle éclaire tous ceux qui sont dans la maison.
> Évangile selon S. Matth., chap. V, verset 15.

SECONDE ÉDITION.

Prix : 1 fr. 50 c.

A PARIS,
CHEZ L'AUTEUR, RUE DES MARAIS-SAINT-GERMAIN, 18.

JUIN 1856.

Imprimerie de L. Tinterlin et Cⁱᵉ, rue Neuve-des-Bons-Enfants, 3.

AVIS DE LA PREMIÈRE ÉDITION

La brochure que nous présentons aujourd'hui au public se compose de deux parties : la première, ayant pour titre : *Pourquoi la musique est si peu répandue en France*, a déjà paru en 1844 en tête de notre *Méthode élémentaire de musique vocale*, dont elle forme la préface. Dans cet écrit, nous nous sommes efforcés de montrer nettement à quelles causes tenait l'impossibilité de rendre véritablement populaire, accessible au peuple tout entier, la connaissance de la lecture et de l'écriture musicales, c'est-à-dire la musique élémentaire.

La deuxième partie de cette brochure, ayant pour titre : *Pourquoi l'enseignement de l'harmonie est toujours dans l'enfance*, est destinée à servir de préface à notre *Méthode élémentaire d'harmonie*, qui est sous presse, pour paraître en novembre prochain. Cette fois, ce n'est plus à l'imperfection de l'enseignement élémentaire que nous nous attaquons ; mais bien au HAUT ENSEIGNEMENT MUSICAL, *harmonie, contre-point, fugue,* etc.

Les deux écrits que nous réunissons aujourd'hui sont donc séparés par une distance de dix-huit mois ; et, si la différence du style frappait le lecteur, je le prie de ne pas oublier ce fait quand il passera du premier au second écrit. Voici pourquoi : Dans la brochure de 1844,

Pourquoi la musique est si peu répandue en France, j'ai cru devoir m'en tenir au ton grave et sévère de la haute discussion scientifique ; c'est à peine s'il m'est échappé une épigramme ou deux dans le cours de l'ouvrage. Je croyais parler à des hommes désireux de connaître la vérité ; j'ai toujours tenu un langage digne de la vérité.

Mais à ce travail consciencieux, qu'ont répondu les musiciens ? Les uns ont dit que nous n'étions pas des *musiciens sérieux*, que les travaux que nous avions faits n'avaient aucune portée ; et quand quelqu'un, qui désirait se confier à nous, allait les consulter, pour avoir des renseignements sur notre personne et notre méthode, il lui était répondu : *qu'il eût à se bien garder de croire un mot de ce que nous disions* ; et l'on corroborait ce conseil d'une foule d'épithètes que ma plume n'a pas l'habitude d'écrire. — Ceux-là nous font la guerre dans l'ombre ; au nom de la vérité, nous la leur déclarons aujourd'hui en plein soleil.

D'autres, plus haut placés dans l'enseignement musical, ne voyant traiter que de *l'enseignement élémentaire, pour le peuple,* ont regardé comme au-dessous d'eux une question qui n'atteignait pas même *la hauteur du plus petit contre-point* : oubliant qu'avant d'édifier le premier étage, il faut bien avoir consolidé les fondations ; sans quoi l'édifice n'est qu'un château de cartes.

C'est pour élever la question *à la hauteur de ces derniers* que cette fois je démontre les vices radicaux du haut enseignement musical : ces messieurs, voyant la question élevée à leur taille, s'en occuperont sans doute.

Mais, le peu de loyauté rencontré d'un côté, le dédain trouvé de l'autre ; enfin, l'impossibilité qui se présente partout d'obtenir *à nos frais, risques et périls* une expérience comparative entre les moyens que nous proposons et ceux qui sont usités partout (1) : ces trois circonstances, dis-je, ont rempli notre cœur d'indignation, et nous ont rendu, dans notre dernière critique, sans pitié pour l'erreur. Non pas que nous ayons jamais fait usage d'aucune arme déloyale ; non ! nous frappons, nous, en plein soleil, en face de tous. Mais, cette fois, à la logique impitoyable, nous avons joint un auxiliaire que nous n'avions pas voulu utiliser la première fois ; cet auxiliaire, c'est le ridicule.

---

(1) Aujourd'hui, 10 juin 1856, nous attendons encore vainement l'expérience demandée dix-huit fois depuis vingt ans. — É. Cʜ.

Oui, tout ce que le sarcasme et l'ironie ont pu m'offrir de secours pour rendre plus frappants mes raisonnements, je l'ai employé. Je me suis seulement efforcé de ne jamais sortir des bornes imposées par le bon goût et la politesse; bornes que ne doit jamais quitter une discussion sérieuse sur une matière très-grave.

Voici les deux raisons qui nous ont porté à publier cet écrit :

1° Dans notre conviction intime, le système imposé aujourd'hui à toute la France pour l'enseignement élémentaire de la musique, je veux parler de la méthode Wilhem, *est non-seulement impropre à vulgariser la lecture de la musique*, mais il doit conduire à un résultat tout opposé : *il empêchera neuf personnes sur dix de jamais savoir la musique*. Autant vaudrait présenter à une population un escalier dont les degrés auraient six pieds de haut, pour apprendre à la population tout entière à monter les escaliers : sur une personne qui pourrait gravir de pareils degrés, quatre-vingt-dix-neuf et plus échoueraient complétement.

Nous venons donc protester, au nom du bon sens et au nom de la France, contre l'application universelle de la méthode Wilhem ; et nous protesterons jusqu'à ce qu'une expérience comparative, et faite avec toutes les garanties morales et scientifiques dignes de la vérité et de l'avenir musical d'un grand peuple, ait été faite entre cette méthode et celles qui peuvent avoir la prétention d'être dix fois plus puissantes qu'elles. La question intéresse plus de 100,000 personnes qui étudient chaque année la musique en France ; elle intéresse tous les pères de famille qui font de grandes dépenses inutiles ; elle intéresse les professeurs de musique, qui verront un *métier insupportable* se changer, comme par enchantement, en une occupation des plus agréables ; elle intéresse fortement le commerce de la librairie musicale, qui peut voir en peu d'années décupler le chiffre de ses affaires ; elle intéresse surtout au plus haut degré la moralisation des masses (1).

2° Dans notre conviction, tous les systèmes d'harmonie professés sont faux, en ce qu'ils manquent de base fixe et de moyen de rendre les idées. De là, les résultats presque nuls obtenus par le haut enseignement musical, auquel si peu de gens peuvent atteindre, et duquel

---

(1) Elle intéresse la population tout entière qui a le droit imprescriptible d'apprendre à se servir d'un instrument parfait que Dieu a donné à tous.

10 Juin 1856. E. Ch.

s'échappe un si petit nombre de bons compositeurs : car il éteint, il étouffe infailliblement tout ce qui n'est pas doué d'une organisation éminemment supérieure.

Ici encore nous venons, au nom du bon sens et de la logique, protester contre une écriture radicalement impropre à tout travail d'analyse et de raisonnement, et contre le défaut absolu de théorie harmonique.

Plein de confiance en notre cause, nous ne pouvons que répéter, en finissant, ces admirables paroles du divin martyr :

« Si j'ai mal parlé, montrez-moi en quoi j'ai erré ; si j'ai bien parlé, pourquoi me frappez-vous ? »

Paris, 8 septembre 1845.

É. CHEVÉ.

UN MOT SUR LA DEUXIÈME ÉDITION.

Depuis dix ans que notre méthode élémentaire d'harmonie est publiée, elle n'a été l'objet d'aucune critique sérieuse ; la seule dont j'aie eu connaissance ne portait que sur des *exemples* de liaisons qui étaient en effet mal choisis et que j'ai changés. Ils sont contenus en une page. — Mais il n'y a pas un seul mot de critique sur nos bases, qui diffèrent essentiellement de tous les traités écrits *avant* le nôtre, je ne dis pas *après* le nôtre, le fait ne serait pas vrai.

En conséquence, nous n'avons rien changé à la première édition.

Paris, 12 juin 1856.

É. CHEVÉ.

POURQUOI LA MUSIQUE
EST SI PEU RÉPANDUE EN FRANCE.

> Un inventeur est obligé de contredire les erreurs dominantes; un charlatan pour faire des dupes flagorne tous les sophistes; lequel des deux est digne de confiance?
> FOURIER. *Nouveau monde industriel.* 32.
>
> Ainsi, la France revendique après coup toutes les découvertes, même les minuties comme la soupe Rumfort; pourquoi donc est-elle si vandale envers les inventeurs qu'aucun d'eux ne peut, DE SON VIVANT, trouver accès et examen méthodique?
> FOURIER. *Nouv. mond.* 555.
>
> Le dernier des crimes qu'on pardonne est celui d'annoncer des vérités nouvelles.
> THOMAS, *Éloge de Descartes.*
>
> Lorsqu'un trésor est apporté, hâtez-vous d'en jouir au lieu d'intenter des procès à celui qui l'a trouvé; pourquoi le quereller sur les formes et le style? Qu'il s'exprime en patois, peu importe : L'invention en a-t-elle moins de valeur ?. FOURIER. *Nouv. mond.* 32.

Pourquoi la musique est-elle si peu répandue en France? pourquoi si peu de personnes sont-elles musiciennes, c'est-à-dire sont-elles en état de lire et d'écrire correctement la musique, comme elles lisent et écrivent le français?

Cela tient-il à ce que les Français sont inhabiles à apprendre la musique, à ce qu'ils ne sont pas nés musiciens, comme tant de gens le répètent à l'envi? Evidemment non; car la musique ne se compose que d'un petit nombre d'éléments qui se rencontrent à peu près dans le premier air venu, et il n'est presque personne qui ne sache chanter un ou plusieurs airs. Ce n'est donc ni la faculté d'intonation, ni la faculté de mesure qui manquent chez nous.

Le petit nombre des personnes sachant bien la musique tiendrait-il à ce que peu de gens s'adonnent à l'étude de cet art? Non encore; car chacun sait que, quoique l'enseignement de la musique ne soit pas à beaucoup près aussi répandu qu'il devrait l'être (1), cependant beaucoup de personnes commencent cette

---

(1) Est-il croyable qu'à l'époque où nous vivons, la musique n'ait pas encore droit de domicile dans toutes les grandes écoles du gouvernement, à Saint-Cyr, à l'école Navale, à l'école Polytechnique, et surtout à l'école Normale, appelée à former des professeurs pour toute la France?—Et cependant cette lacune s'explique facilement, quand on pense au temps énorme qu'il faut consacrer à l'étude de la musique, pour ne l'apprendre que médiocrement, et souvent même pas du tout.

étude; mais, sur cent personnes qui l'entreprennent, plus des neuf dixièmes restent en chemin, rebutées par des difficultés infranchissables pour celles qui ne sont pas douées d'une organisation d'élite, d'une volonté que rien n'arrête, et qui n'ont pas quatre ou cinq ans à consacrer à une étude qui n'est encore que de luxe pour nous.

Le petit nombre des personnes sachant bien la musique tient-il enfin à ce que nous n'ayons pas eu de bons musiciens? Non encore; car, malgré la mauvaise route suivie, nous n'avons pas manqué de grands musiciens : Gluck, Sacchini, Méhul, Mozart, etc., et, plus près de nous, Boïeldieu, Rossini, Weber, Meyerbeer, Auber, etc.; et, comme exécutants, nos artistes célèbres, sont là pour prouver que les grands talents n'ont pas manqué en musique.

Comment se fait-il donc que ces grands musiciens n'aient pas su rendre praticable au vulgaire la route qu'ils ont si brillamment parcourue?

Hélas! c'est peut-être là qu'il faut aller chercher le *pourquoi* de notre ignorance en musique. Tous les hommes que je viens de citer, et tous ceux, bien plus nombreux, que je n'ai pu nommer, étaient *compositeurs*, étaient *artistes*, mais sans doute n'étaient pas *professeurs*. Forts et puissants d'organisation, ils n'ont pas vu tout ce qui arrête les organisations ordinaires; ou, si l'on veut, ils n'ont pas voulu se donner la peine de chercher un meilleur chemin, dont une magnifique organisation leur permettait, à la rigueur, de se passer. Peut-être, enfin, quelques-uns n'ont-ils pas été fâchés de laisser entre eux et la masse une barrière infranchissable (1).

Peut-être aussi le défaut d'une théorie claire et précise, qui dominât toute la pratique en l'éclairant, n'a-t-il pas permis la découverte de la méthode pratique.

Quoi qu'il en soit, on n'arrive pas à apprendre la musique aux masses (2), c'est un fait; et ce fait tient à ce que les moyens employés sont insuffisants et, partant, incapables de conduire au but qu'on se propose d'atteindre. En un mot, *l'écriture musicale est mauvaise;* et, de plus, on manque de méthode, et par méthode nous entendons ici, non pas *le moyen qui permet à dix individus sur cent d'arriver,* mais *celui qui conduit forcément au but quatre-vingt-dix sur cent.* La méthode doit être faite pour les organisations ordinaires, et non pour les organisations d'élite, qui arrivent quand même.

---

(1) Il m'a été répondu par un artiste qu'il n'y aurait plus grand mérite à être musicien, si chacun pouvait le devenir sans trop de peine ni de temps. — Je n'ai pas trouvé de réponse à cet argument.

(2) Par apprendre la musique aux masses, j'entends apprendre la musique à une réunion de personnes de bonne volonté et prises au hasard; et de manière que les $9/10$ puissent, dans un temps raisonnable et sans un travail exorbitant, parvenir à posséder l'intonation et la mesure; en un mot, la lecture et l'écriture musicale, au point de ne les jamais oublier, pas plus qu'on n'oublie la lecture et l'écriture de sa propre langue.

Rendons cette idée palpable par une comparaison : qu'il s'agisse, par exemple, d'escalader une montagne escarpée. Que dirait-on à Auriol, ou à tout autre individu agile et fort comme lui, si, après en avoir atteint le sommet au moyen des accidents de terrain, de quelques crochets et de quelques cordes, il prétendait avoir tracé la route qui conduit sur le sommet de la montagne ; l'avoir ouverte à tous; affirmant, d'ailleurs, avec aplomb, que tout individu qui ne pourra pas grimper par le même chemin, et à l'aide des mêmes moyens, n'est qu'un être mal organisé, disgracié, et condamné par la nature à ne jamais pouvoir atteindre le sommet de la montagne.

On serait en droit de lui dire : Vous avez suivi une route qui n'est accessible qu'aux hommes de votre trempe ; il est évident que vos moyens ne sont nullement calculés sur les forces physiques du plus grand nombre ; peu de gens sont capables, comme vous, d'escalader un rocher, de se hisser au moyen d'une corde ou d'une perche; et vraiment il n'y a pas bonne logique de votre part à nous traiter de culs-de-jatte et de manchots, parce que nous ne pouvons, ou que nous n'osons pas vous suivre.

Mais faites nous construire une bonne échelle, et mieux encore un bon escalier, dont les marches soient calculées sur les mouvements de nos jambes ; ajoutez-y, de distance en distance, des paliers où nous puissions nous reposer quand nous sommes essoufflés ; et vous verrez si nous sommes des êtres disgraciés et condamnés à ne jamais voir le sommet de la montagne : nous y monterons alors très-facilement ; et peut-être plus vite que vous, si vous continuez à monter par votre ancienne route. La jouissance de la belle vue que donne le sommet de la montagne ne sera plus le privilége des organisations d'élite ; petits et grands, jeunes et vieux, pourront monter ; et, un peu plus tôt, un peu plus tard, chacun est sûr d'arriver au but : les véritables culs-de-jatte sont cette fois seuls exceptés ; mais ils sont si peu nombreux !

Eh bien ! la montagne à escalader, c'est la musique à apprendre ; les Auriols, sont les belles organisations musicales qui grimpent le long des rochers, qui escaladent la montagne, qui l'emportent, pour ainsi dire, d'assaut ; mais qui sont complétement inhabiles à faire monter la foule après eux. Les cordes, les crochets, les accidents de terrain, sont les prétendues méthodes, bonnes tout au plus pour les forts, qu'elles n'empêchent pas de monter ; mais mauvaises pour les faibles, qu'elles arrêtent complétement ; et jugées, à tout jamais, par leur impuissance. L'escalier, c'est la méthode rationnelle, la méthode calculée sur l'organisation humaine, et appropriée, non plus à la force des hercules, mais à la faiblesse des enfants. Les culs-de-jatte sont les individus, très-peu nombreux d'ailleurs, qui sont complétement privés de la faculté de produire un son, de mesurer un intervalle ou d'apprécier une durée. Et encore, peut-être ne sont-ils arrivés à cet état qu'en laissant atrophier pendant trente ans les organes chargés de ces fonctions : comme un enfant qu'on tiendrait couché jusqu'à vingt ans, verrait ses muscles s'atrophier, devenir fibreux, et ne pourrait plus à cet âge apprendre à marcher. Est-ce à dire qu'il soit né cul-de-jatte? Non; c'est vous qui l'avez rendu tel par une éducation imbécile. Vous n'avez pas exercé les organes que Dieu a mis en vous; il vous en punit, en vous en retirant à tout jamais l'usage.

Mais, me dira-t-on, comment pouvez-vous affirmer que les anciens solféges ne sont pas des méthodes dans le sens que vous attachez à ce mot? Parce qu'aucun d'eux n'a encore pu résoudre le problème que voici : « Prendre au hasard cent personnes de bonne volonté; et, dans un temps donné, les conduire toutes, ou à peu près, à être musiciennes. » Or, ce problème n'ayant pas été résolu par les solféges, on est en droit de les accuser d'impuissance, et de chercher une autre route, une méthode meilleure.

Et comment reconnaître au milieu des méthodes, prétendues rationnelles, celle qui est vraiment l'escalier en question, si toutefois cette méthode existe? En s'assurant, EXPÉRIMENTALEMENT (1), s'il y en a une qui puisse résoudre le problème dont je viens de parler. Tant que ce problème n'aura pas été résolu, il n'y aura pas de méthode réelle.

Mais avant de nous occuper des méthodes nouvelles, jetons un coup-d'œil sur les solféges, et tâchons de découvrir la cause ou les causes de cette impuissance radicale dont ils sont frappés pour l'enseignement scientifique de la musique aux masses : rien ne me paraît plus facile.

En effet, toute personne qui s'est occupée sérieusement d'enseignement, et qui a les plus simples notions du mécanisme de l'intelligence humaine, doit admettre, comme incontestables, les propositions suivantes :

1° Toute idée doit être représentée à l'esprit de l'élève par un signe clair et précis;

2° La même idée doit toujours être représentée par le même signe;

3° Le même signe ne doit représenter que la même idée;

4° Un livre élémentaire, une méthode, ne doit jamais présenter à l'esprit deux difficultés à la fois;

5° Il ne faut s'adresser à la mémoire que quand le raisonnement est impos-

---

(1) J'entends s'écrier : « Mais cette expérience a été faite, et se répète tous les jours dans nos écoles. » — Non, cela n'est pas. Savoir la musique, ce n'est pas *chanter ensemble des morceaux que l'on sait par cœur et que l'on est censé lire ;* savoir la musique, c'est *chanter à première vue un morceau d'ensemble que l'on n'a jamais lu ni entendu; c'est écrire, sous la dictée d'une voix qui vocalise, un air qui vous est inconnu.* —Or, c'est ce qu'AUCUNE MASSE EN FRANCE N'A ENCORE FAIT, en dehors de l'école de Galin.

sible; c'est-à-dire que, s'il y a science, il faut déduire les faits particuliers des lois générales dont ils dépendent; si, au contraire, il n'y a pas science, s'il n'y a que collection de faits sans liens, sans lois, on les apprend par cœur;

6° Enfin, la méthode doit être un ensemble de moyens calculés pour que les organisations ordinaires puissent parvenir au but qu'on se propose de leur faire atteindre.

Voyons si les anciennes méthodes de musique remplissent les six conditions que je viens d'indiquer, et dont ne peut se passer un enseignement rationnel et consciencieux; en un mot, scientifique.

1° Dans les solféges, chaque idée est-elle représentée par un signe clair et précis?

Non; l'intonation est représentée par des points posés sur des lignes noires ou entre ces lignes noires; le nom est donné à chacun de ces points par une clé, qui dénomme un barreau; mais cette clé peut changer de place, de sorte que le même point, placé sur la même ligne, peut porter successivement les sept noms ut, ré, mi, fa, sol, la, si. Aussi, quel désespoir pour un grand nombre de musiciens, quand, habitués à lire sur une clé, on leur en présente une autre.

De plus, ces mêmes points peuvent représenter un son bécarre, un son dièse, ou un son bémol; ils peuvent remplir dans la gamme le rôle de tonique, de médiante, de sensible, etc. Ces signes d'intonation ne sont donc ni clairs ni précis.

Quant aux signes de durée, ils sont encore plus embrouillés. Rien d'obscur comme ces signes de valeurs qui offrent quelquefois une telle complication, une si grande confusion d'entiers et de fractions de toutes espèces cousus ensemble, que l'on admire vraiment le talent du petit nombre de ceux qui arrivent à les débrouiller facilement et exactement. Il y a telles pages de musique qui ne sont guère plus claires pour le commun des martyrs que les hiéroglyphes de l'obélisque.

2° La même idée doit toujours être représentée par le même signe; cette condition est-elle remplie par les solféges?

Pas davantage; pour l'intonation, *un même son* peut être représenté par chacun des barreaux ou des interlignes de la portée musicale.

Pour la mesure, le mal est encore plus grand; l'unité de temps est représentée par la *blanche* dans le 2 temps, le $\frac{4}{2}$ et le $\frac{3}{2}$; par la *noire*, dans le $3/_4$, le $3/_4$ et le 4; par la *noire pointée*, dans le $6/_8$, le $9/_8$ et le $12/_8$; par la *croche*, dans le $3/_8$; etc. Cela est incroyable.

Les trois seules mesures qui existent, 2 temps, 3 temps et 4 temps; mesures que les subdivisions binaire et ternaire portent à 6 formes principales, sont exprimées par tous ces nombres: 2 temps, 4 temps, $2/_4$, $3/_4$, $3/_2$, $4/_2$, $6/_2$, $6/_4$, $3/_8$,

⁶/₂, ⁹/₆, ¹²/₈, etc., et autres formes fractionnaires plus inintelligibles les unes que les autres, et dont telles personnes, s'occupant depuis longtemps de musique, ne sont jamais parvenues à embrasser l'ensemble.

La mesure à deux temps, division binaire, est représentée par les mots 2 temps, ²/₄; le 2 temps, division ternaire, par les mots ⁶/₈, ⁹/₈; le 3 temps, division binaire, par les expressions 3 temps, ³/₄, ³/₈, etc.

3° Le même signe ne représente-t-il que la même idée?

Le premier barreau venu peut, selon la clé, représenter l'une quelconque des sept notes, soit bécarre, soit dièse, soit bémol. Le bécarre après un bémol signifie montez; après un dièse, il signifie descendez; après un double dièse, le dièse, signe d'élévation, veut dire descendez; après le double bémol, le bémol, signe d'abaissement, veut dire montez.

Pour les durées, la blanche vaut 1 *temps* dans les mesures 2 temps, $\frac{3}{8}$, $\frac{4}{8}$. elle vaut 2 *temps* dans les mesures $\frac{2}{4}$, ³/₄, 4 temps. La noire vaut une *demi-unité* dans les mesures 2 temps, ³/₂, $\frac{4}{2}$; elle vaut 2 *tiers* dans le ⁶/₈, le ⁹/₈, le ¹²/₈; elle vaut une *unité* dans le ²/₄, le ³/₄ et le 4 temps, elle vaut 2 *unités* dans le ³/₈. La croche peut, de même, signifier successivement ¹/₄, ¹/₃, ¹/₂, etc., et ainsi du reste.

Le point de prolongation peut signifier toute espèce de fraction. Il existe sept signes de silence, quand il n'en faut qu'un : c'est à n'y rien comprendre.

Et comme pour combler la mesure, et rendre la musique inabordable au plus grand nombre, combien de musiciens semblent prendre plaisir à grouper ces mauvais signes de manière à les rendre encore plus incompréhensibles : c'est désolant.

Et cependant, il s'est trouvé des hommes haut placés en musique, qui se sont déclarés satisfaits des signes de la notation musicale. M. Fétis, en 1830, dans son livre intitulé LA MUSIQUE MISE A LA PORTÉE DE TOUT LE MONDE, écrivait, page 13, les lignes suivantes que je copie textuellement : « Les signes dont se servent les Européens modernes, après avoir subi une foule de modifications successives, SONT ARRIVÉS A UN DEGRÉ DE PERFECTION RELATIVE, et, malgré leur apparente complication, sont peut-être les PLUS SIMPLES qu'on puisse imaginer. » J'ai la confiance que les pages qui précèdent cette citation me dispensent de relever ce qu'elle a d'aventuré.

Résumons-nous, et disons : Que l'écriture actuelle de la musique est essentiellement défectueuse, puisque les idées sont à chaque instant cachées sous de mauvais signes que peut déchiffrer (1) un maître, mais qu'un élève ne devine

---

(1) **Déchiffrer!** ce mot exprime bien la clarté des signes musicaux; on ne dit pas lire la musique, on dit : déchiffrer la musique; et on a bien raison.

pas; que cette imperfection de l'écriture musicale a dû avoir une influence immense et des plus fâcheuses sur l'enseignement, et contribuer considérablement à la difficile propagation de la musique. C'est ainsi que les mathématiques sont restées dans les langes tant qu'elles n'ont employé que les chiffres romains, et qu'on les a vu se développer et atteindre la haute position qu'elles occupent de nos jours, quand elles ont eu des signes rationnels et précis pour représenter leurs idées.

Abordons maintenant les trois autres propositions.

4° On ne doit jamais présenter à l'esprit deux difficultés à la fois. — Or, la première chose que l'on montre à un débutant en musique, c'est une portée, avec une clé, et des points, noirs ou blancs, qu'on lui dit représenter des sons, et de plus, des sons dont la durée est limitée, mesurée; c'est-à-dire, qu'on lui donne à faire trois opérations intellectuelles à la fois : trouver le nom de la note, lui appliquer le son qui lui convient, enfin donner à ce son une durée déterminée. Et encore ces trois idées sont-elles cachées sous les signes défectueux que nous avons critiqués plus haut. Voilà donc encore un vice capital ; je dis capital, car combien de personnes ont été rebutées par ces premières difficultés, et ont abandonné l'étude dès le début.

5° Rendre compte des faits, enseigner la science.

Eh bien! ici encore, tout est déplorable dans les solféges. Quoi de plus éloigné d'un raisonnement que le pauvre catéchisme musical que l'on trouve en tête de tous les solféges, depuis le premier jusqu'au dernier. Aussi, combien est petit le nombre des élèves de solféges qui comprennent bien la théorie si claire et si précise de la musique. C'est dans l'harmonie surtout que cette absence complète de théorie a produit les plus déplorables effets : elle a rendu cette science à peu près inintelligible pour les plus savants.

Demandez à la plupart des musiciens pourquoi l'on a introduit des dièses et des bémols dans les gammes? Demandez-leur ce que c'est qu'un dièse, ce que c'est qu'un bémol? demandez-leur pourquoi l'on rencontre 5 dièses dans le ton de Si Majeur? pourquoi l'on est en Si Majeur avec 5 dièses? etc. Il en est peu qui vous répondront; mais ne les accusez pas ; les maîtres et les livres ne leur ont jamais rien dit là-dessus.

Demandez-leur encore pourquoi ils estropient la gamme mineure, en lui retirant sa modale supérieure en montant, et en ne lui donnant point de sensible en descendant; demandez-leur pourquoi ce n'est pas l'inverse qu'ils font; pourquoi ils ne montent pas la gamme mineure comme ils la descendent ; et pourquoi ils ne la descendent pas comme ils la montent ? Toutes ces questions sont lettres closes pour le plus grand nombre.

Et qu'on ne s'y trompe pas, la connaissance de la théorie musicale n'est pas une simple affaire de curiosité, de luxe, comme le disent beaucoup de gens, qui en sont encore à se demander ce que l'on entend par la *Théorie de la Musique*. C'est l'absence de théorie qui a conduit à enseigner l'intonation par cette *immense absurdité du ton absolu*. Tout le reste eût été parfait dans les solféges, que l'enseignement par le ton absolu était plus que suffisant, *à lui seul*, pour rendre l'intonation à peu près inapprenable. Qui s'est jamais mis dans l'idée d'enseigner la *température absolue*, la *pesanteur absolue*, l'*odeur absolue*, la *saveur absolue*, la *couleur absolue ?* Le professeur, n'ayant pas démontré l'identité de toutes les gammes majeures, non plus que celle de toutes les gammes mineures, se croit obligé de les faire apprendre toutes, ou à peu près, et jette ainsi ses élèves dans un dédale inextricable, d'où le plus grand nombre ne peut sortir. Quant à ceux qui parviennent à franchir ces difficultés, ce n'est pas par les sons absolus qu'ils y arrivent, mais en attachant aux sons qu'ils chantent des idées de propriété. Rien n'est plus facile à démontrer.

6° Enfin, avoir une méthode calculée pour les intelligences ordinaires.

Hélas ! que tous les professeurs de solféges mettent la main sur la conscience et qu'ils répondent à cette simple question : « Si l'on vous donnait cent per-
« sonnes de bonne volonté, prises au hasard et n'ayant aucune notion de musi-
« que, combien vos méthodes produiraient-elles de lecteurs au bout d'un
« an, à une heure de travail par jour ? »

Je me trompe fort, ou tous répondront : *Pas beaucoup*.

Et si vous disiez d'en conduire quatre-vingt dix sur cent à lire correctement la musique et à l'écrire de même sous la dictée d'un instrument qu'on ne voit pas, ou d'une voix qui vocalise, tous se récrieraient que la chose est impossible. Ceci est connu de tout le monde. Aussi regarde-t-on comme bien plus difficile de faire comprendre la musique que les mathématiques. — Est-ce à dire que la musique soit plus difficile que les mathématiques ? Non sans doute ; mais les mathématiques emploient des signes rationnels et raisonnent toujours ; La musique fait tout le contraire.

De tout ce qui précède, je crois pouvoir conclure QU'ON MANQUE DE MOYENS CONVENABLES POUR ENSEIGNER LA MUSIQUE AUX MASSES, et que les solféges ne sont point des méthodes rationnelles. « Ce sont de simples recueils qui ne présentent que de la musique à lire. » (GALIN.)

Je dirai donc aux solféges :

Avouez votre impuissance en fait d'enseignement musical ; et, encore une fois, ne vous vantez pas d'avoir produit tous nos grands compositeurs et tous nos grands artistes. Non ! vous ne les avez pas produits ; ils sont arrivés malgré vos mauvais moyens d'enseignement : ils ont escaladé la montagne. Mais la masse qui n'a ni leur génie, ni leur force, ni leur persévérance, est à jamais condamnée à se morfondre au pied, après avoir dépensé inutilement son temps et son argent. Aussi combien de pères de famille, effrayés par la perspective de plusieurs années d'un travail si rebutant, n'osent pas faire entreprendre à leurs enfants une étude presque toujours sans résultats.

Si je ne me trompe, les considérations qui précèdent (quelque incomplètes qu'elles soient) sont plus que suffisantes pour expliquer l'insuccès des solféges et de leurs maladroites copies.

Je me résume en deux mots, et je dis : Les anciennes méthodes (1) de musique, ne remplissant aucune des six conditions que chacun doit reconnaître indispensables dans un bon livre élémentaire, *sont mauvaises, très-mauvaises.* Elles n'ont donc pas le droit d'accuser le génie français d'être peu musicien. Si elles n'ont pu parvenir à vulgariser la musique en France, la faute retombe sur elles seules : qu'elles aient donc une bonne fois la force et la franchise de l'avouer. A ce prix, le génie musical de la France, muselé par elles si longtemps, leur pardonnera; et, pour toute pénitence, les reléguera sur les rayons des bibliothèques publiques, au milieu de tant d'autres collections de momies qu'elles ne dépareront certes pas.

En écrivant les lignes qu'on vient de lire, j'ai senti tout ce que le lecteur a le droit d'exiger de nous; et combien il peut se montrer sévère à notre égard. Aussi, n'est-ce qu'après avoir *souvent, très-souvent, expérimenté les moyens que nous employons, et en avoir toujours obtenu les mêmes résultats;* ce n'est qu'après avoir recueilli les suffrages unanimes d'un grand nombre d'hommes intelligents et instruits, que nous nous décidons à publier cette méthode élémentaire. Soumettons-la d'ailleurs à l'analyse que nous avons fait subir aux solféges, et voyons si elle répond aux six propositions indiquées plus haut; nous citerons ensuite les résultats authentiques qu'elle a produits.

1º Toute idée doit être représentée par un signe clair et précis;
2º La même idée doit toujours être représentée par le même signe;
3º Le même signe ne doit représenter que la même idée.

J'embrasse à la fois les trois propositions relatives à l'écriture musicale.

Nous employons, pour représenter les idées d'intonation, les sept premiers chiffres proposés par J.-J. Rousseau, et si heureusement modifiés par Galin ; pour les idées de durée, nous nous servons de l'admirable chronomériste de Galin. Expliquons-nous plus clairement :

Pour l'intonation, il n'y avait à représenter que sept noms : *ut, ré, mi, fa, sol, la, si;* il suffisait donc de sept caractères, et les sept chiffres, 1, 2, 3, 4, 5, 6, 7, proposés par J.-J. Rousseau, atteignent parfaitement le but. Les voix humaines,

---

(1) Par le mot d'*anciennes méthodes*, je désigne *toutes les Méthodes qui débutent dans l'enseignement par l'emploi des* CARACTÈRES ORDINAIRES DE LA MUSIQUE. Nous venons de le voir, ces caractères masquent si souvent les idées qu'ils sont appelés à représenter, que toute la force intellectuelle est dépensée à les déchiffrer, et qu'il n'en reste plus pour trouver l'intonation et la durée.

de la plus grave à la plus aiguë, parcourent un ensemble d'environ trois octaves (1), représentées par trois séries successives des mots *ut, ré, mi, fa, sol, la, si*; trois séries des chiffres 1, 2, 3, 4, 5, 6, 7, représentent ces trois séries de mots. Mais il fallait que l'œil pût distinguer laquelle des trois séries indiquent les sept chiffres; pour cela, Galin met un point au-dessous des chiffres de la première série, *série grave*; il n'en met pas aux chiffres de la série du milieu, *série du medium*; il met un point au-dessus des chiffres de la troisième série, *série aiguë*.

Voici sa notation :

CHIFFRES POINTÉS EN DESSUS.	1̇ 2̇ 3̇ 4̇ 5̇ 6̇ 7̇	SÉRIE DES SONS AIGUS.
CHIFFRES NON POINTÉS.	1 2 3 4 5 6 7	SÉRIE DES SONS DU MÉDIUM.
CHIFFRES POINTÉS EN DESSOUS.	1̣ 2̣ 3̣ 4̣ 5̣ 6̣ 7̣	SÉRIE DES SONS GRAVES.

Voici les vingt-et-un sons écrits sur la même ligne, du grave à l'aigu :

1̣ 2̣ 3̣ 4̣ 5̣ 6̣ 7̣   1 2 3 4 5 6 7   1̇ 2̇ 3̇ 4̇ 5̇ 6̇ 7̇

OCTAVE GRAVE.   OCTAVE DU MÉDIUM.   OCTAVE AIGUË.

Or, rien de plus clair, de plus précis, que ces caractères, qui doivent leur nom à leur *forme absolue*, et non pas, comme les notes de la portée, au barreau, *toujours variable*, sur lequel elles sont écrites. Aussitôt que l'œil voit 1, 2, 3, 4, 5, 6, 7, c'est comme s'il lisait : *ut, ré, mi, fa, sol, la, si*. Pour lui, jamais d'hésitation possible : Si un chiffre est pointé en dessous, il reconnaît l'octave grave; s'il est pointé en dessus, l'octave aiguë; enfin s'il n'est pas pointé, l'octave du medium. Ceci est irréprochable; aussi, dès la troisième leçon, l'esprit ne balance jamais sur la signification du signe.

Les notes peuvent être naturelles, diésées ou bémolisées. Dans le premier cas, quand les notes sont *naturelles*, on les représente par les sept chiffres, purement et simplement, 1, 2, 3, 4, 5, 6, 7; dans le second cas, pour les *sons diésés*, on marque les chiffres d'un *accent aigu*, 1́, 2́, 3́, 4́, 5́, 6́, 7́;

---

(1) Cette notation par les chiffres ne s'applique ici qu'à la musique vocale; dans la méthode instrumentale que nous publierons incessamment, nous aborderons la notation pour les instruments.

dans le troisième, pour les *sons bémolisés*, on marque ces mêmes chiffres d'un *accent grave*, 1̀, 2̀, 3̀, 4̀, 5̀, 6̀, 7̀;

En résumé, toutes les idées d'intonation et de silence sont représentées par les sept premiers chiffres et le zéro. Les octaves sont différenciées par les points au-dessus ou au-dessous des chiffres; les dièses et les bémols sont caractérisés par l'accent aigu et par l'accent grave, appliqués sur le chiffre même. *Il en résulte qu'un signe donné représente toujours la même idée, ne peut représenter qu'elle, et rappelle toujours à l'esprit, clairement et nettement, l'idée qu'il exprime.* En un mot, la même idée est toujours représentée par le même signe, le même signe représente la même idée.

Etudions maintenant les signes de durée; comme je l'ai déjà dit, ici le travail tout entier appartient à Galin.

En mesure, trois idées principales se présentent; il faut exprimer : 1° un son articulé, 2° un son prolongé, 3° un silence. Galin adopte trois signes : le *chiffre* pour le *son articulé*, le *point* pour la *prolongation*, le *zéro* pour le *silence*. Les trois idées à rendre ont donc chacune son signe particulier, parfaitement distinct des deux autres.

Ces trois caractères, *chiffre*, *point*, *zéro*, peuvent être appelés à exprimer des durées très-différentes; ainsi, l'on peut avoir à représenter l'*unité de durée*, la *demi-unité*, le *tiers*, le *quart*, etc. Voici le système de signes créé par Galin pour atteindre ce but.

Notre oreille ne peut *apprécier rigoureusement* que la *division binaire* et la *division ternaire* du temps. Quand le fractionnement est poussé plus loin, l'oreille établit d'abord la division binaire ou la ternaire, puis elle fait subir la même subdivision aux moitiés et aux tiers, et ainsi de suite.

Galin avait d'abord à exprimer l'entier, il a dit : Tout signe ISOLÉ représentera l'UNITÉ de temps, qu'il soit signe d'articulation, de prolongation ou de silence. Ainsi, un chiffre seul vaut une unité articulée; un point seul vaut une unité de prolongation ; un zéro seul vaut une unité de silence.

EXEMPLE : { Unité articulée.   5
            { Unité de prolongation. •
            { Unité de silence.   0

Pour les divisions de l'unité, Galin pose cette loi absolue : LES DIVERSES PARTIES DE L'UNITÉ SERONT TOUJOURS RÉUNIES EN UN SEUL GROUPE, SOUS UNE BARRE PRINCIPALE, ET UN GROUPE QUELCONQUE CONTIENDRA TOUJOURS LES DIVERSES PARTIES DE L'UNITÉ : JAMAIS PLUS, JAMAIS MOINS.

Pour représenter les moitiés, Galin tire un trait horizontal qui recouvre deux signes; pour les tiers, le trait en recouvre trois.

Il écrit les moitiés de cette manière : $\left\{\begin{array}{l}\overline{1\ 2}\ \text{Pour les sons articulés.}\\ \overline{\cdot\ \cdot}\ \text{Pour les sons prolongés.}\\ \overline{0\ 0}\ \text{Pour les silences.}\end{array}\right.$

Il écrit les tiers de cette manière : $\left\{\begin{array}{l}\overline{1\ 2\ 3}\ \text{Pour les sons articulés.}\\ \overline{\cdot\ \cdot\ \cdot}\ \text{Pour les sons prolongés.}\\ \overline{0\ 0\ 0}\ \text{Pour les silences.}\end{array}\right.$

Les moitiés et les tiers étant exprimés, il s'agit de marquer les moitiés et les tiers de moitié (quarts et sixièmes); les moitiés et les tiers de tiers (sixièmes et neuvièmes); et il s'agit de le faire de manière que l'œil puisse toujours reconnaître si la première division a été *binaire* ou *ternaire*, et si la seconde a également été *binaire* ou *ternaire*.

GALIN LES ÉCRIT AINSI :

Souche binaire :
$\overline{1\ 2}$
$\overline{\cdot\ \cdot}$
$\overline{0\ 0}$

{ *Subdivision binaire.* Moitiés divisées par deux. QUARTS. } $\overline{1\ 2}\ \overline{3\ 4}$ Pour les sons articulés. $\overline{\cdot\ \cdot}\ \overline{\cdot\ \cdot}$ Pour les sons prolongés. $\overline{0\ 0}\ \overline{0\ 0}$ Pour les silences.

{ *Subdivision ternaire.* Moitiés divisées par trois. SIXIÈMES. } $\overline{1\ 2\ 3}\ \overline{4\ 5\ 6}$ Pour les sons articulés. $\overline{\cdot\ \cdot\ \cdot}\ \overline{\cdot\ \cdot\ \cdot}$ Pour les sons prolongés. $\overline{0\ 0\ 0}\ \overline{0\ 0\ 0}$ Pour les silences.

Souche ternaire :
$\overline{1\ 2\ 3}$
$\overline{\cdot\ \cdot\ \cdot}$
$\overline{0\ 0\ 0}$

{ *Subdivision binaire.* Tiers divisés par deux. SIXIÈMES. } $\overline{1\ 2}\ \overline{3\ 4}\ \overline{5\ 6}$ Pour les sons articulés. $\overline{\cdot\ \cdot}\ \overline{\cdot\ \cdot}\ \overline{\cdot\ \cdot}$ Pour les sons prolongés. $\overline{0\ 0}\ \overline{0\ 0}\ \overline{0\ 0}$ Pour les silences.

{ *Subdivision ternaire.* Tiers divisés par trois. NEUVIÈMES. } $\overline{1\ 2\ 3}\ \overline{4\ 5\ 6}\ \overline{5\ 4\ 3}$ Pour les sons articulés. $\overline{\cdot\ \cdot\ \cdot}\ \overline{\cdot\ \cdot\ \cdot}\ \overline{\cdot\ \cdot\ \cdot}$ Pour les sons prolongés. $\overline{0\ 0\ 0}\ \overline{0\ 0\ 0}\ \overline{0\ 0\ 0}$ Pour les silences.

Ici, toujours chaque groupe vaut une unité de temps, qu'il contienne des chiffres, des points ou des zéros. Les moitiés et les tiers sont indiqués à l'œil par une barre simple surmontant deux signes pour les moitiés, trois pour les tiers. Si les *moitiés* ou les *tiers* sont à leur tour subdivisés par deux, *deux* ou trois *petites barres*, placées sous la grande, *couvrent chacune deux signes* (chiffres, points, zéros); si ces *moitiés* ou ces *tiers* ont subi la subdivision par *trois*, *chaque petite barre couvre* trois signes (chiffres, points ou zéros).

Et ainsi du reste de la mesure, en faisant toujours subir aux fractions d'unité déjà obtenues les subdivisions *binaire* ou *ternaire*, les seules que l'oreille puisse apprécier; et en groupant toujours le résultat de la nouvelle subdivision sous un trait unique, placé lui-même sous le trait précédemment introduit (1).

Quoi de plus simple et de plus clair que cette écriture. Je le répète : tout signe isolé représente l'unité; tout groupe de même. Quand il y a groupe, chaque grande barre supérieure relie toutes les diverses fractions de l'unité; si la *division* est binaire, on voit au-dessous deux caractères; on en voit trois, si elle est ternaire. Quand la 1re *division* est binaire, on voit au-dessous de la grande barre deux petits traits marquant les moitiés, et couvrant chacun deux ou trois signes selon que les moitiés ont subi la division binaire ou ternaire. Quand la première division a été ternaire, la grande barre couvre trois petits traits, dont chacun surmonte à son tour deux ou trois signes selon que les tiers ont été divisés par deux ou par trois.

En un mot, l'esprit n'a jamais devant lui que l'unité, et il l'a toujours complète, intégrale; il est immédiatement prévenu que la division est binaire ou ternaire, que la subdivision est également ou ternaire, ou binaire. Le signe est donc parfait, et satisfait pleinement aux conditions exigées.

En résumé, l'écriture de Galin est parfaite puisqu'elle rend clairement et nettement toutes les idées d'intonation et de durée; que chaque idée est représentée *toujours et partout* par un signe unique; et qu'un signe donné représente *toujours et partout* la même idée. La méthode de Galin n'eût-elle, sur TOUTES LES AUTRES MÉTHODES, que l'avantage d'une écriture irréprochable, qu'elle leur serait déjà, par cela seul, infiniment supérieure, puisqu'elle rend toutes les idées musicales accessibles à toutes les intelligences; ce qui est exactement le contraire des méthodes écrites en musique ordinaire.

Ici je dois, en passant, réfuter une objection très-spécieuse, mais en même temps très-absurde; la voici dans toute sa force : « Vous commencez à enseigner la musique au moyen de caractères autres que ceux qui ont cours dans les livres, et vous enseignez plus tard à lire ces anciens caractères que vous déclarez mauvais; autant valait alors commencer par les anciens caractères, puisque vous êtes obligés d'y venir : vous n'auriez pas dépensé votre temps à apprendre des caractères inutiles, qu'il vous faudra laisser de côté. »

Certes, cette objection paraît écrasante, et pourtant il n'en est rien. En effet,

---

(1) Voir le chronomériste de Galin à la partie théorique, pages 256 et 261.

que désire celui qui étudie la musique? il désire connaître la musique, c'est-à-dire : 1° à l'inspection d'une page de musique, pouvoir chanter les sons avec leur durée; 2° à l'audition d'un air qui lui plaît, il désire pouvoir l'écrire sans l'intermédiaire d'un instrument; 3° à l'inspection d'une page de musique, il désire pouvoir en faire l'analyse, soit sous le point de vue de la mélodie, soit sous celui de l'harmonie.

Or, il est démontré que par l'emploi des caractères actuels de la musique, très-peu de personnes arrivent aux trois résultats que je viens d'indiquer; et l'une des principales causes de ce défaut de réussite, c'est que les idées sont tellement cachées sous les signes, qu'on a une peine extrême à les y découvrir: ceci est surtout vrai pour la théorie; que, si, au contraire, on emploie les caractères nouveaux, qui sont parfaitement bons, et dont on se rend maître en un instant, on arrive à connaître très-vite toutes les idées d'intonation, de rhythme et de théorie; puis il ne reste plus qu'à découvrir sous de mauvais signes des idées parfaitement connues.

Or, tout le monde arrive facilement à ce résultat, tandis que très-peu de personnes parviennent à se rendre maîtresses de faits inconnus, quand elles n'ont, pour y arriver, que de mauvais signes. En employant des signes corrects on apprend donc vite la musique; puis, quand on la sait, on apprend à la lire avec les signes barbares qui sont encore en usage dans les livres.

Je me permettrai encore une petite digression : si demain un gouvernement absurde venait à proscrire, dans les relations publiques, l'emploi des chiffres arabes, en leur substituant celui des chiffres romains, pensez-vous que l'on fît bien d'imiter le gouvernement dans les écoles; et parce qu'il faudrait à vingt ans écrire les dates en chiffres romains, croyez-vous que l'École polytechnique, et toutes les autres, dussent ne plus employer que les chiffres romains pour leurs calculs, sous prétexte que, puisqu'il faut finir par employer ces caractères, c'est du temps perdu que d'en apprendre d'autres. L'histoire est là pour dire où l'on arrive avec les chiffres romains; et le bon sens et l'expérience réunis vous crient : « Instruisez-vous au moyen des meilleurs signes possibles; puis une fois instruits, cédez à la masse, employez les mauvais signes avec ceux qui sont assez malheureux pour n'en pas connaître de meilleurs.

Il y aurait, du reste, peu de chose à faire pour rendre excellents les signes de la portée musicale; mais pour cela, il faudrait que tout le monde fût d'accord. Et qu'on ne dise pas qu'en changeant l'orthographe musicale actuelle on se prive de la lecture de tous les bons auteurs dont les œuvres sont imprimées; pas le moins du monde; pas plus qu'on ne s'est privé de la lecture d'Amyot, de Montaigne et de tous nos auteurs de la renaissance, parce que Port-Royal et Voltaire ont changé leur orthographe. D'ailleurs, il existe aujourd'hui très-peu d'exemplaires de chaque ouvrage de musique, parce que peu de personnes les lisent; mais si dans vingt ans toute la France savait lire la musique, il faudrait avoir à 100,000 exemplaires les livres qui existent aujourd'hui à 100 ou à 1000. Il faudrait donc réimprimer tout ce qui en vaudrait la peine, et alors on imprimerait cette ancienne musique avec la nouvelle orthographe. Où serait le mal?

Aussi, j'espère que le jour n'est pas loin où *toute la musique vocale ne s'imprimera plus qu'en chiffres.* Alors, tout le monde pourra apprendre *à lire seul et couramment la musique;* alors le pauvre aura sa musique aussi, et une très-faible dépense lui permettra de se faire une riche bibliothèque musicale, qui lui fournira un moyen puissant de distraction dans ses peines, et une occupation agréable, utile dans ses loisirs : les cabarets seuls y perdront beaucoup; mais aussi quelle immense influence exercée sur le moral de la classe pauvre en masse. Enfin, je le répète une dernière fois : pour que le problème soit INTÉGRALEMENT RÉSOLU, il faut que, *sans aucune perte d'un temps qui lui est indispensable pour gagner son pain quotidien*, l'ouvrier puisse *apprendre à lire la musique très-facilement,* afin que la peine et la perte de temps ne le rebutent pas; il faut aussi que la musique ne lui coûte pas plus cher que les volumes du MAITRE PIERRE ou de toute autre publication populaire. J'ai la confiance que les travaux de Galin et de son école conduisent directement à ce but si important et si désirable.

Mais revenons à notre analyse.

4° Isoler les difficultés, ne les présenter à l'esprit que l'une après l'autre.

A l'exemple de Galin et de tous ses bons disciples, nous isolons toutes les difficultés; l'intonation et la mesure (1) sont étudiées séparément; la transposition fait le sujet d'une autre série d'exercices. Enfin, la lecture des signes usuels de durée complète l'étude; mais on n'y arrive que quand on est déjà maître de la mesure, de l'intonation et de la transposition. Ainsi, après avoir surmonté les difficultés une à une, l'élève les reprend deux à deux, trois à trois, jusqu'à ce que l'enseignement soit complet.

5° Rendre compte des faits, avoir une théorie raisonnée. Ici encore tout ap-

---

(1) Pour rendre chacun maître des effets de durée les plus compliqués, nous employons la langue des durées créée par M. Aimé Paris, qui, depuis 24 ans, consacre si courageusement sa puissante intelligence aux idées de progrès. La mnémotechnie, qui lui doit de si beaux travaux, et la théorie de Galin dont il est le plus courageux et le plus brillant disciple, ont été portées par lui dans toutes les grandes villes de France et dans beaucoup de villes étrangères. Peu d'hommes auront dépensé dans leur vie plus d'intelligence et d'activité; bien peu auront déployé un plus grand courage dans des luttes incessantes contre la routine : nul n'aura eu plus de dévouement. C'est au cours que M. Paris a fait en 1836, à Paris, que j'ai connu la théorie de Galin; j'étais loin alors de penser qu'un jour je monterais aussi sur la brèche, prêt à imiter son courageux exemple.

partient à Galin. Depuis qu'il a publié son EXPOSITION D'UNE NOUVELLE MÉTHODE POUR APPRENDRE LA MUSIQUE, on n'a rien, ou presque rien ajouté aux admirables déductions qu'il y a consignées. Et l'on ne pouvait y rien ajouter, car il a porté, sur ce point, la théorie musicale à un degré de perfection qu'il est difficile de surpasser.

Ainsi, Galin rend compte de tous les faits avec une rigueur mathématique. Il constate l'égalité des secondes majeures entre elles, et celle des secondes mineures entre elles ; puis l'inégalité des secondes majeures et mineures, et il déduit de là toute la théorie de la musique, comme les mathématiciens déduisent l'arithmétique de la numération. Nous avons déjà vu son admirable tableau des durées.

Notre tâche ici a consisté à présenter purement et simplement les idées de Galin, et à les rendre compréhensibles, même aux intelligences les plus paresseuses. Le livre de Galin s'adresse plutôt au professeur qu'à l'élève ; le nôtre s'adresse surtout à ce dernier.

6° Reste, enfin, la sixième question, la question de méthode pratique ; c'est ici que commence le travail original de madame Émile Chevé.

Après la mort de Galin (1), plusieurs de ses disciples continuèrent son enseignement. Tous professèrent ses idées théoriques, plus ou moins complétement, et contribuèrent ainsi à répandre les saines doctrines musicales.

Mais Galin n'avait pas laissé de méthode pratique ; il n'avait imprimé que sa théorie. Force fut donc à chaque professeur de faire lui-même sa méthode pratique : tous (2) conservèrent l'écriture de Galin ; mais chacun suivit une marche différente pour l'enseignement de l'intonation, de la mesure et de la lecture. C'est pour cela que chacun des élèves de Galin a publié le résultat de ses travaux, dans la croyance qu'il avait mieux trouvé que les autres. C'est aussi cette croyance qui nous porte à publier aujourd'hui, pour la deuxième fois, les exercices pratiques auxquels madame Chevé travaille depuis quinze ans. Aujourd'hui ils sont arrivés à un point tel, que le nombre des personnes sur lesquelles ils échouent diminue de plus en plus, et que chez les enfants nous ne trouvons, pour ainsi dire, plus d'organisations complétement rebelles.

Aussi notre confiance dans notre méthode pratique est telle, que nous proposons le concours suivant à tous les solféges quelconques et à toutes les méthodes de Wilhem, Mainzer et autres qui, dans leur enseignement, se servent de l'écriture usuelle de la musique :

« Prendre au hasard dix, vingt, cent personnes de bonne volonté et complé-

---

(1) *Voir* la notice sur Galin, publiée par M. Aimé Paris, en tête de l'édition qu'il a faite du livre de Galin.

(2) Tous ceux qui avaient le sens commun.

« tement étrangères à l'étude de la musique; donner à chacune d'elles une
« moyenne de dix leçons individuelles d'une heure chacune, pour les habituer
« à s'écouter chanter; leur faire ensuite un cours simultané, à quatre leçons
« par semaine, pendant huit à neuf mois; permettre à chaque élève de consa-
« crer une demi-heure par jour à l'étude particulière entre les leçons. Puis,
« l'expérience terminée, avoir les neuf dixièmes des élèves capables de répondre
» INDIVIDUELLEMENT au programme suivant : »

1° Prendre un recueil de plusieurs milliers d'airs écrits avec les signes usuels de la musique, en lire dix pris au hasard, huit à première vue, deux à la seconde ou à la troisième lecture;

2° Écrire sous la dictée, dans le ton et avec la clé que l'on voudra, un air pris au hasard dans le même recueil, et vocalisé une première fois pour l'intonation, une deuxième pour la mesure (1); rechanter immédiatement cet air après l'avoir écrit;

3° Lire à première vue un morceau écrit sur chacune des sept clés;

4° Répondre à toutes les questions de théorie relatives à la formation des gammes, tant majeures que mineures; à la génération des tons et aux modulations; à toutes les questions de mesure et de rhythme; en un mot, faire l'analyse logique et grammaticale d'un air quelconque;

5° Enfin, savoir l'harmonie. Et voici ce que nous entendons par savoir l'harmonie : 1° une page d'harmonie *à autant de parties que l'on voudra* étant donnée, l'analyser de manière à donner exactement à *tous les accords* le nom qui leur convient; à justifier leur emploi après ou avant tel accord donné, et cela sans hésitation et avec des réponses toujours identiques, quelque nombreux que soient les répondants; 2° une mélodie quelconque étant donnée, majeure ou mineure, avec ou sans modulations, et dans le ton que l'on voudra, en faire un duo, un trio, un quatuor, etc., en faisant partout une harmonie *correcte et conforme aux règles établies par les grands maîtres.*

Voilà notre programme. Que celui qui a confiance en sa méthode se présente : NOUS ACCEPTONS IMMÉDIATEMENT LE CONCOURS AVEC LA CONDITION UNIQUE QUE LE PROCÈS-VERBAL AUTHENTIQUE DES EXPÉRIENCES SERA RENDU PUBLIC PAR TOUS LES MOYENS ORDINAIRES D'UNE PUBLICITÉ HONNÊTE. Car il n'est pas ici question d'un intérêt individuel; nous embrassons la question d'un point de vue plus élevé. Il s'agit pour nous de *vulgariser complétement la musique*, comme moyen puissant de moralisation pour le pauvre, et même aussi pour les classes moins malheureuses; la marine surtout, et l'armée, en tireraient un bien

---

(1) Cette expérience est presque immanquable chez les enfants; chez les adultes, elle manque plus souvent, parce que leurs organes musicaux sont pour ainsi dire **atrophiés**.

immense. Notre but, nous le disons avec courage, avec fierté, est un but noble, digne, élevé... Aussi accepterons-nous la lutte avec bonheur; tout sera bénéfice pour nous : si nous triomphons, nous aurons doté le monde d'une chose éminemment utile, précieuse surtout à l'époque de démoralisation profonde dans laquelle nous nous enfonçons de plus en plus; si, au contraire, nous succombons, c'est à nous que l'on devra la découverte d'une méthode plus puissante que la nôtre, si supérieure déjà aux méthodes officielles !

À l'époque où nous sommes, il n'est plus possible de répondre par une fin de non-recevoir, quand il est question d'une chose aussi importante que l'enseignement du peuple... Quand un moyen est annoncé comme devant abréger des trois quarts le temps d'étude, et comme devant faire arriver neuf personnes sur dix qui l'emploieront; quand ce moyen est proposé par des hommes graves, et ayant fait leurs preuves dans les sciences exactes; quand surtout ce moyen peut déjà invoquer des preuves de fait comme celles que je vais citer plus bas; quand tout cela se réunit, nous avons la confiance que les hommes éminents placés à la tête de l'enseignement public ne peuvent se dispenser de le faire essayer publiquement, et de le mettre en mesure de prouver qu'il ne promet rien qu'il ne puisse tenir et au-delà. Si l'expérience ne répond pas à ce que l'on annonce, le pis-aller est d'avoir fait une chose inutile, mais nullement nuisible; si, au contraire, l'expérience réussit, on a trouvé le moyen d'apprendre la musique à tout le monde, comme on apprend la lecture et l'écriture, et avec infiniment moins de peine et de temps.

Nous sommes donc prêts à accepter toutes les expériences que l'on voudra, à la seule condition qu'elles soient mises sous la sauve-garde de la publicité. Nous avons nos raisons pour parler ainsi, et, s'il le faut, nous les dirons.

Maintenant, qu'il nous soit permis de transcrire ici le *compte-rendu officiel* de l'expérience que j'ai faite à Lyon sur 150 soldats de la garnison. Cette pièce doit porter la conviction dans les esprits les plus incrédules : c'est du moins ce que nous ont dit tous ceux qui l'ont lue.

Je ne terminerai pas cet écrit sans remercier ici publiquement les personnes courageuses qui n'ont pas craint de prêter leur concours à une vérité nouvelle qui demandait à faire ses preuves ; je dis qui n'ont pas *craint*, car il faut plus de courage qu'on ne pense pour braver les sarcasmes de la foule : et tel qui ne craint pas une balle, tremble devant la moindre épigramme. Je remercie donc ici M. Gautier, capitaine au 12e régiment d'artillerie : le premier, il m'a confié les 150 artilleurs de sa batterie. M. Gélibert, colonel au 12e régiment d'artillerie, a encouragé par tous les moyens en son pouvoir cette première expérience, arrêtée par le départ du 12e régiment d'artillerie pour Toulouse.

Je dois remercier aussi M. le lieutenant-général baron de Lascours, commandant la 7e division militaire, pour la bienveillance avec laquelle il a fait mettre à ma disposition les militaires du gymnase de Lyon, pour tenter sur eux une expérience complète; je le remercie surtout des encouragements qu'il a donnés à mes élèves pendant la durée du cours.

Enfin, je prie M. le capitaine d'Argy, du 70e régiment, et M. le lieutenant Grenier, du 12e léger, tous deux désignés par le général pour suivre les leçons que je faisais aux soldats, de recevoir ici l'expression de ma gratitude. Pendant un an, ces deux officiers ont eu la constance de suivre toutes les leçons; et c'est à leur fermeté que j'ai dû de conserver mes élèves, que l'on a tout fait pour dégoûter de suivre mes leçons. Ils ont su braver les épithètes de fous (1), que ne manquent jamais de s'attirer les âmes généreuses qui savent se dévouer à une idée de progrès.

Je remercie M. A. Bureau de l'empressement qu'il a mis à nous donner des expériences particulières, pour s'assurer de la puissance de nos moyens d'enseignement.

A mon ami Eugène Béléguic, lieutenant de vaisseau, un dernier remerciement : lui aussi est un fou; il y a bien longtemps qu'il a osé proclamer la vérité.

Paris, 8 mars 1844.

E. CHEVÉ, D. M. P.

Compte rendu de l'expérience musicale faite à Lyon en 1842-43, par le docteur ÉMILE CHEVÉ, sur les militaires du gymnase.

« Un ordre du jour de M. le lieutenant-général baron de Lascours, commandant la septième division militaire, mit, le 25 septembre 1842, les militaires qui suivaient sous ma direction les exercices du gymnase militaire de Lyon, à la disposition de M. le docteur Émile Chevé, pour essayer sur eux l'emploi d'une nouvelle méthode propre à l'enseignement de la musique à de grandes masses d'hommes.

« M. le lieutenant Grénier, du 12e léger, et moi, fûmes chargés par cet offi-

---

(1) Un médecin militaire, entendant chaque jour tous les officiers de sa table dire qu'un *médecin fou faisait chanter des soldats dans une caserne*, avait fini par me croire un échappé de Charenton.—Dans cette conviction, il vint à une de mes leçons, pour constater officiellement l'état de mon cerveau. J'ignore ce qui se sera passé dans le sien pendant ma leçon; mais en sortant, il dit à l'officier qui l'accompagnait : « Plût à Dieu que je fusse fou comme ce monsieur! »

cier général de suivre chaque jour les exercices, et de constater officiellement la marche de l'enseignement.

« Le 1er octobre 1842 eut lieu la première leçon. Les hommes qui y furent conduits, et que le hasard seul avait désignés, appartenaient au 12e léger, aux 16e et 29e régiments de ligne. Chacun de ces corps fournit 50 hommes de divers grades, ce qui forma un détachement de 150 élèves. M. Émile Chevé accepta tous ceux qu'on lui présenta, et prit l'engagement formel de conduire, au bout d'un an, et sans étude entre les leçons, les huit dixièmes de cette masse au résultat suivant :

« 1° Connaître la théorie raisonnée de la musique ;

« 2° Lire seul, et sans aucun instrument, *tout* morceau de musique à la portée des voix ordinaires ;

« 3° Ecrire sous la dictée un air improvisé.

« La salle de l'école mutuelle de la caserne des Collinettes fut désignée pour recevoir le cours ainsi organisé.

« La vérité veut que nous disions que tous les disciples, à une faible exception près, ne se rendirent au cours qu'avec répugnance, et seulement pour obéir aux ordres reçus. Il fallut plusieurs mois pour vaincre ce mauvais vouloir et obliger le plus grand nombre à pratiquer les exercices ; quelques-uns se refusèrent même à chanter, prétextant qu'ils étaient vieux, qu'ils n'avaient pas de voix, qu'ils ne savaient pas lire, etc., etc.

« A la fin du premier mois, le professeur, voulant classer les voix, fit chanter chaque homme isolément. L'expérience fut loin d'être encourageante : plus des trois quarts ne purent venir à bout de suivre la gamme ; douze ne voulurent émettre aucun son, déclarant formellement qu'à aucun prix ils ne chanteraient. Ces douze élèves furent exclus immédiatement. On garda le reste, malgré le défaut absolu de dispositions musicales de la plupart d'entre eux. Beaucoup d'hommes avouèrent, du reste, qu'ils n'avaient pas encore ouvert la bouche depuis l'ouverture du cours, en promettant qu'à l'avenir ils feraient tous les exercices. Le professeur, avec ces apparences si défavorables, s'engagea de nouveau à conduire au but tous ceux qui voudraient se soumettre scrupuleusement à la pratique des exercices, faisant ses réserves pour ceux qui s'en abstiendraient désormais d'une manière évidente. Depuis lors, à l'exception de trois ou quatre mutins, personne ne fut renvoyé.

« Il résulte de cet exposé que M. Émile Chevé a commencé et fait son expérience sur les sujets que le hasard lui a fournis ; tous étaient complétement étrangers à la connaissance de la musique, beaucoup ne savaient pas lire, et il n'y a eu de mis de côté que ceux qui n'ont pas voulu se soumettre aux exercices, 12 sur 150.

« Le nombre des leçons fut fixé à cinq par semaine, leur durée à une heure et demie ; elles ont eu lieu depuis le 1er octobre jusqu'à ce jour. Nous ferons toutefois observer que le mois d'octobre 1842 a été très-peu profitable aux élèves par les absences continuelles, motivées par l'inspection générale. Les mois d'avril et de mai 1843 ont présenté aussi des interruptions pour diverses causes de service.

« Les maladies, l'avancement, les punitions, les mutations, mais surtout le licenciement de la classe 1836, qui enleva les quelques sous-officiers qui suivaient le cours, réduisirent petit à petit le nombre des élèves sans qu'on pût les remplacer; de telle sorte qu'en juillet 1843 ils n'étaient plus que cinquante et quelques. Toutes ces diminutions affectaient vivement le professeur, lorsque la formation du camp de Lyon le laissa avec 28 hommes en tout.

« Le hasard seul ayant présidé à ces réductions, M. Chevé ne peut être responsable que vis-à-vis des élèves qui lui restent, et il suffit que le résultat soit produit sur les huit dixièmes des sujets qu'on lui laisse pour que sa promesse soit tenue.

« Deux mois après l'ouverture du cours, M. Émile Chevé fit imprimer, à ses frais, un recueil de cent quarante morceaux d'ensemble pris dans les meilleurs auteurs, et en donna un exemplaire relié à chacun de ses élèves, pour qu'ils pussent lire sans tableaux. Quand nous disons *lire*, nous voulons parler de la musique, car beaucoup ne connaissaient pas les caractères de l'écriture ordinaire ou de l'imprimerie.

« Trois mois environ après l'ouverture du cours, M. le lieutenant-général de Lascours voulut assister à une séance. Il fut frappé, comme tous les assistants, des progrès déjà réalisés; les élèves étaient déjà très-avancés en intonation et en mesure, lisaient facilement sur toutes les clés, et chantaient des morceaux d'ensemble avec beaucoup d'aplomb et de justesse.

« Le 25 avril 1843, le général revint, accompagné de tous les chefs de corps, de madame de Lascours, de plusieurs autres dames et de diverses notabilités de la ville. Cette fois, voici quel fut le programme de la séance ; 1° *Un quatuor de Webbe*; 2° *un air languedocien à trois voix*, de Desrues; 3° *un trio de l'opéra d'OEdipe à Colonne*, de Sacchini; 4° *lecture à première vue de toute espèce d'intervalles majeurs ou mineurs*; 5° *lecture à première vue sur les huit clés*; 6° *deux canons à trois voix*, de Silher ; 7° *un quatuor de la Clemenza di Tito*, de Mozart; 8° *le quatuor d'Iphigénie en Aulide*, de Gluck; 9° *un trio de Corysandre ou la Rose magique*, de Berton; 10° *Recherche de la tonique sur toutes les clés avec toutes les armures par dièses et par bémols*; 11° *reconnaître des sons vocalisés*; 12° *lecture* À PREMIÈRE VUE *d'un trio de la Flûte enchantée*, de Mozart; 13° *Ave Regina, à trois voix*, par Choron ; 14° *le Gondolier, canon à trois parties*, de Desrues; 15° *un quatuor de la Flûte enchantée*, de Mozart; 16° *un chœur de l'opéra de Tancrède*, de Rossini ; 17° *la Prière de l'opéra de Joseph*, de Méhul.

« Il serait difficile de peindre l'étonnement produit par cette séance sur tous les assistants; l'aplomb vraiment surprenant avec lequel ces hommes chantèrent à première vue les intonations les plus difficiles en ton majeur et mineur, la facilité avec laquelle ils lurent sur toutes les clés, enfin la sûreté et la spontanéité avec laquelle ils reconnurent TOUS, *sans exception aucune*, les divers sons vocalisés, convainquirent les assistants que ces hommes possédaient l'intonation d'une manière tout à fait supérieure. Tous les morceaux d'ensemble furent chantés avec une justesse irréprochable et sans que le professeur battît la mesure, sauf les deux premières, nécessaires à l'indication du mouvement.

« Avec l'assentiment de M. le lieutenant-général, tous les hommes s'occupant d'éducation dans la ville de Lyon furent admis à une séance particulière; toutes les institutions, y compris le collége royal, y eurent des représentants. L'expérience produisit les mêmes résultats; les suffrages furent unanimes : admiration et étonnement, tels furent les sentiments de cette journée. Le professeur recueillit de toutes parts des éloges bien mérités pour de pareils succès obtenus en si peu de temps et avec des éléments aussi ingrats.

« Ces militaires sont arrivés aujourd'hui (1er septembre 1843) à une force prodigieuse en intonation et en lecture sur toutes les clés. Lorsqu'un morceau à *deux, trois* ou *quatre parties* est écrit *en chiffres*, ils peuvent le CHANTER ENSEMBLE A PREMIÈRE VUE, pourvu que la mesure ne soit pas trop vive. Si le morceau est écrit avec les signes ordinaires de la musique, ils peuvent aussi le lire à première vue, *quels qu'en soient le ton et la clé;* mais chaque partie est lue une fois séparément par tout le monde avant de chanter ensemble. Tous possèdent parfaitement la théorie raisonnée de la musique, et écrivent sous la dictée un air qu'on leur vocalise, quelles qu'en soient les modulations.

« Tels sont les résultats obtenus par M. le docteur Émile Chevé sur une masse prise au hasard, et dont la volonté n'a point été consultée. L'expérience a aujourd'hui onze mois de durée; il y a eu dix-sept ou dix-huit leçons données par mois, c'est-à-dire cent quatre-vingt-dix à deux cents leçons en tout. Les élèves n'ont jamais travaillé entre les leçons; ceux qui restent aujourd'hui ont perdu plusieurs séances pour cause de punition, de maladie, de permission, etc., ainsi que cela arrive à tous les militaires.

« Quant à la marche suivie par M. Chevé, la voici :

« En théorie, il démontre *de facto* l'inégalité des secondes majeures et mineures, et de là il déduit la théorie des gammes. Ici M. Émile Chevé suit pas à pas les traces de son maître Galin. La théorie de la mesure est puisée de même chez cet auteur. Pour la pratique, il enseigne l'intonation au moyen des chiffres proposés par J. J. Rousseau et modifiés par Galin, tout en suivant une série d'exercices créés par madame Émile Chevé. Ce sont surtout ces exercices qui rendent si vite et si imperturbablement maître de l'intonation. La pratique de la mesure est aussi enseignée à part, au moyen de caractères créés par Galin, d'un langage des durées, imaginé par M. Aimé Paris, et de tableaux d'exercices, créés par madame Émile Chevé. La transposition est également étudiée isolément; et ce n'est que quand les élèves savent bien faire deux choses séparément que le professeur les leur fait exécuter simultanément

« C'est ainsi qu'il conduit ses élèves à lire, *avec la notation usuelle*, toute espèce de musique ayant la première clé venue, armée de tous les dièses ou bémols qu'on veut, et en exécutant dans le courant du morceau tous les changements de mode ou de ton possibles.

« M. le lieutenant-général devant nommer une commission compétente pour juger les résultats produits par M. Chevé (1), nous nous abstiendrons de parler de cette séance finale, à laquelle nous regrettons vivement de ne pouvoir assister (2), nous bornant à rendre compte de ce qui s'est accompli devant nous, tout pénétrés de la conviction profonde que les MOYENS EMPLOYÉS PAR M. ÉMILE CHEVÉ SONT IMMANQUABLES DANS LEURS RÉSULTATS, et persuadés que le jour où ils seront appliqués EN GRAND sur la population, et surtout sur les jeunes générations, le *sot préjugé de croire que les Français ne sont pas nés musiciens sera anéanti pour toujours.* »

Signé à Lyon, le 11 septembre 1843.

GRENIER,
Lieutenant au 12e léger.

Signé à Lons-le-Saulnier, le 1er septembre 1843.

D'ARGY,
Capitaine au 70e régiment de ligne.

---

(1) La commission dont il est ici question devait être nommée dans les dix derniers jours de septembre, après la levée du camp de Lyon, fixée au 20 septembre; mais la présence de S. A. R. le duc de Nemours au camp jusqu'à la fin de septembre, empêcha, *malgré mes instances réitérées*, de nommer cette commission.

Le 30 septembre, le camp fut dissous ; et dès le lendemain tous les régiments étaient en marche : mon cours me fut ainsi enlevé.

(2) Ces regrets sont exprimés par M. le capitaine d'Argy, que son service retient au régiment.

P. S. Au moment de clore mon travail, on me communique l'ouvrage de M. Danjou, *organiste de la métropole de Paris et de la paroisse Saint-Eustache, membre de l'académie de Sainte-Cécile, à Rome, etc.*; cet ouvrage a pour titre : DE L'ÉTAT ET DE L'AVENIR DU CHANT ECCLÉSIASTIQUE EN FRANCE.

J'en extrais les lignes suivantes, pages 29 et 30, qui viennent constater une fois de plus l'impuissance radicale des vieilles méthodes, et en particulier de celle de M. Wilhem. — Voici le passage ; je copie textuellement :

« Il existe bien un article de la loi sur l'instruction primaire qui prescrit aux
« maîtres d'école de savoir la musique et de l'enseigner ; il y a bien des villes
« où le conseil municipal a généreusement voté des fonds pour établir des cours
« de musique ; ces cours sont même en vigueur à Paris depuis longtemps ; ils
« ont été fondés par un HOMME DU PLUS GRAND MÉRITE, M. WILHEM ; ils
« sont DIGNEMENT CONTINUÉS par son successeur M. HUBERT ; on y suit une
« MÉTHODE EXCELLENTE ; on y compte chaque année QUATRE A CINQ MILLE
« ÉLÈVES, et pourtant ILS NE PRÉSENTENT AUCUN RÉSULTAT. Non
« seulement il n'en sort pas des artistes éminents (ce n'est pas, suivant moi,
« ce qu'on doit attendre de ces institutions), mais encore on ne voit pas que
« ces cours aient, DEPUIS VINGT ANS QU'ILS SONT ÉTABLIS, servi à pro-
« pager le goût de la bonne musique, la pensée des associations pour en exé-
« cuter. »

Récapitulons : 1° *Professeur du plus grand mérite* ; 2° *méthode excellente* ; 3° chaque année *quatre à cinq mille élèves* ; 4° cela DURE DEPUIS VINGT ANS : et pourtant, POINT DE RÉSULTATS. — Tous les éléments de succès réunis, et pas de résultats !.. D'où cela vient-il donc ? je vous l'ai dit plus haut.

En présence de pareils faits et de pareils aveux, que chacun mette la main sur sa conscience, et réponde à ces deux questions : Faut-il persister dans cette route sans issue ? En faut-il chercher une autre ?

Paris, 16 mars 1844.   E. CHEVÉ.

AVANT-PROPOS.

Nous croyons fermement aux trois principes suivants :

1° On n'a véritablement le droit de publier un livre élémentaire, sur quelque science que ce soit, que si l'on a quelque chose de nouveau et d'utile à soumettre à ses lecteurs : retourner l'ouvrage d'un autre pour y mettre son propre nom, nous a toujours paru une chose non-seulement injuste envers celui dont on travestit ainsi l'ouvrage, mais déplorable pour l'enseignement, que l'on encombre de milliers de volumes ; véritable labyrinthe où se perdent tant de commençants et même de professeurs.

2° On n'a véritablement le droit de démolir ce qui existe que lorsque l'on *a déjà* quelque chose de mieux à mettre à la place. Si vous démolissez ma maison, parce qu'elle est vieille et mal distribuée, donnez-m'en d'abord une pour me mettre à l'abri : autrement, j'aime encore mieux une mauvaise maison que rien. Démolir, quand on n'a rien à édifier ; démolir pour démolir sera toujours l'acte d'un vandale. On ne doit donc battre en brèche ce qui existe que quand on a mieux à mettre à la place.

3° Enfin, on n'a le droit de proposer une route nouvelle qu'en prouvant péremptoirement que l'ancienne est mauvaise et qu'on en a une bien meilleure pour la remplacer. Sans cela, chacun est en droit de vous dire : Pourquoi changer ? Les déménagements sont toujours dispendieux ; montrez-moi donc en quoi je gagnerai au change, autrement je ne vous écouterai pas.

Ainsi, 1° nous publions ce traité élémentaire d'harmonie (1) *parce que les idées théoriques qu'il renferme nous semblent complétement neuves*; du moins, nous ne les avons vues nulle part, ni entendues d'aucune bouche : *Elles nous appartiennent en propre*. Elles rendent compte de tous les faits pratiques qu'elles relient d'une manière admirable ; donc elles sont bonnes.

---

(1) Ce travail sert de préface à notre méthode élémentaire d'harmonie.

2° Nous ne nous sommes décidés à publier ce traité qu'après des analyses multipliées pour nous assurer que notre théorie n'était pas une chimère, et qu'après l'avoir comparée à un très-grand nombre de traités d'harmonie, de contre-point, de fugues, pour nous assurer qu'il n'était pas la contrefaçon de l'un d'eux ; et c'est dans ces comparaisons que nous avons acquis la certitude que notre livre pouvait remplacer avec d'immenses avantage tous ceux qui l'ont précédé. Dès lors, en exposant notre travail, nous *avons eu le droit* de faire la critique de celui des autres, puisque nous avions un édifice neuf pour remplacer le vieux.

3° Enfin, pour que nous soyons admis à dire que notre méthode est meilleure que toutes celles connues jusqu'ici, nous *avions à remplir le devoir* de prouver que les autres sont très-mauvaises, et que la nôtre leur est de beaucoup supérieure. De cette manière on n'aura pas à nous demander pourquoi changer? Toutes les personnes sensées, qui n'ont pas un intérêt particulier au maintien des anciennes routes, seront, au contraire, les premières à provoquer l'abandon d'une détestable route de traverse, impraticable pour presque tous, pour la remplacer par un chemin large et droit, accessible à tous ceux qui ne sont pas privés de leurs deux jambes.

C'est en conséquence de ces principes, que nous publions cet ouvrage, et que nous le faisons précéder de la *Critique des systèmes actuels d'harmonie*. En un mot, nous déblayons le terrain et nous édifions ensuite.

Plus tard, si les suffrages du public sanctionnent nos idées, nous lui dirons comment nous sommes arrivés à faire un traité d'harmonie si différent de tous ceux qui existent.

POURQUOI
L'ENSEIGNEMENT DE L'HARMONIE
EST TOUJOURS DANS L'ENFANCE.

> « Si j'ai mal parlé, montrez-moi en quoi j'ai erré;
> si j'ai bien parlé, pourquoi me frappez-vous ? »
> JÉSUS-CHRIST.

Il y a dix-huit mois, nous écrivions en tête du premier volume de cet ouvrage un avant-propos ayant pour titre : *Pourquoi la musique est si peu répandue en France* (1).

Nous croyons avoir clairement démontré dans cet article que l'état d'enfance et d'imperfection où se trouve encore réduit l'enseignement musical en France tient surtout aux trois causes suivantes :

1° A l'usage d'un système d'écriture entièrement absurde et faussé, et complétement impropre à toute espèce d'analyse (2).

---

(1) C'est le travail que le lecteur vient de lire.

(2) J'entends toutes les personnes qui ne réfléchissent pas s'écrier avec angoisse : « Vous voulez changer l'écriture musicale ? la seule écriture qui soit universelle ! la seule écriture qu'on lise d'un bout du monde à l'autre. » Eh ! mon Dieu, oui, messieurs ; pour ce qui regarde la théorie et la musique vocale, je veux changer cette fameuse écriture, comme on a changé ces fameux chiffres romains qui condamnaient les mathématiques à une enfance perpétuelle ; et la musique aura deux écritures comme les mathématiques, qui en ont une pour l'arithmétique et une pour l'algèbre, sans que personne ait jamais songé à s'en plaindre.

Vous avez jusqu'ici confondu deux choses entièrement distinctes, et c'est ce qui vous met si fort en émoi. Vous avez confondu *le signe* avec *l'idée qu'il est appelé à rendre*; vous avez confondu la *langue musicale*, qui n'a que sept mots, et qui, étant l'expression d'un fait mathématique, est forcément un fait universel (comme l'existence des chiffres est un fait universel pour tous ceux qui admettent le système décimal) ; vous avez, dis-je, confondu la *langue musicale* avec UNE *des séries de caractères* qui ont servi à la représenter.... Vous

2° A l'absence d'une théorie rationnelle de laquelle découlent tous les faits pratiques, et qui puisse les relier tous; théorie rendue impossible par l'usage d'un mauvais système de signes graphiques.

3° A l'absence de toute méthode pratique, calculée sur les forces du plus grand nombre, comme les marches d'un escalier sont calculées sur la longueur et la force de nos jambes; méthode pratique qui ne pouvait à son tour être que la conséquence d'une théorie mathématique.

Or, l'idée de J. J. Rousseau, perfectionnée par Galin, les travaux de Galin et de son école, ont complétement rempli ces trois lacunes : en donnant un système de signes corrects, en fondant la théorie musicale, et en créant une méthode pratique.

Tâchons aujourd'hui de compléter le travail que nous avons publié en tête de l'autre volume; mais ne nous bornons plus cette fois à la musique élémentaire, cette CENDRILLON si méprisée des grands professeurs du haut enseignement musical, qui semblent ignorer l'importance capitale des fondations dans tout édifice sérieux. Attaquons-nous aujourd'hui à ce qu'il y a de plus transcendant dans la musique : à l'enseignement de l'harmonie, du contre-point, de la fugue; en un mot : à l'enseignement de la haute composition musicale.

---

avez fait ce que ferait un pauvre copiste qui, ne connaissant que la forme d'écriture appelée *ronde*, regarderait la langue française comme compromise, parce que l'on adopterait l'autre forme d'écriture appelée *anglaise*.

Les signes ne sont pas les idées; sachez-le donc une bonne fois. Ils les représentent tant bien que mal; et voilà tout. Or, *s'ils les représentent tellement mal, qu'ils les cachent, même aux hommes les plus intelligents, aux hommes de génie eux-mêmes*, comme je vous le prouverai tout-à-l'heure, il n'y a pas à balancer : il faut les changer, et au plus vite, sous peine d'être condamné à un état de stagnation perpétuelle.

Que dirait-on d'un conducteur qui, engagé dans une route impraticable, remplie de fondrières, et célèbre par le petit nombre de ceux qui la parcourent sans encombre, voudrait persister dans cette voie, sous prétexte qu'elle est celle de tout le monde et de tous les jours, et refuserait d'en essayer une autre nouvellement percée, et que des gens qui l'ont parcourue plusieurs fois lui affirmeraient être parfaitement sûre, et beaucoup plus courte ? — On dirait qu'il est absurde. Et les voyageurs, *ceux du moins qui seraient désireux d'arriver vite et sans danger*, se hâteraient de quitter un homme insensé, pour suivre celui qui leur indique la bonne route. Ces voyageurs se souciant, en définitive, fort peu d'arriver par la vieille route; la question pour eux étant d'arriver certainement, promptement et sans danger. Voilà l'histoire fidèle de la musique avec son écriture actuelle!... Nous allons le voir quelques pages plus loin.

Du reste, l'écriture que nous proposons est universelle comme celle de la musique, parce qu'elle représente une idée universelle comme elle. C'est le chiffre, connu du monde entier. Il faut deux minutes pour comprendre l'écriture musicale au moyen du chiffre, comme a pu le voir le lecteur dans la première partie de cette brochure.

Peut-être que cette fois la magie de ces grands mots réveillera de leur torpeur habituelle les champions du passé, et que, se sentant attaqués jusque dans leurs retranchements intérieurs, ils daigneront relever le gant que je leur jette. J'espère qu'ils viendront défendre ces remparts vénérés qui les ont si longtemps préservés des regards curieux d'un vulgaire indiscret. Ces remparts formidables, appelés contre-point, imitation, contre-point double, etc., je vais les battre en brèche, pour que chacun soit à même d'entrer par la trouée, et de voir enfin les misérables mesures qu'entouraient ces fameux remparts sans issue et accessibles à si peu d'élus. Sans compter que les élus eux-mêmes, effrayés des efforts inouis qu'il leur a fallu déployer pendant si longtemps pour arriver au but, et de l'exiguité ou même de la nullité des résultats obtenus, n'osent pas avouer leur immense mécompte et l'anéantissement de leurs espérances. Faisant contre mauvaise fortune bon cœur, leur fierté laisse croire au vulgaire, envieux d'une chose qu'il ne peut obtenir, qu'ils sont pleinement satisfaits, et que la félicité attend en effet ceux qui sont assez courageux et assez persévérants pour tenter la même carrière qu'eux, et assez forts pour conserver encore quelque vigueur après être arrivés au but.

Il est temps de mettre un terme à ce travail de Sisyphe ; il est temps d'abattre ces murailles décrépites qui causent le désespoir et la chute de tant de nobles et fortes natures que la voix de Dieu pousse vers l'étude de l'harmonie. Il est temps, enfin, que la mine de l'analyse et du raisonnement fasse sauter les roches escarpées qui défendent les approches de l'harmonie ; roches qui ont rebuté tant de belles intelligences musicales, qui en ont tant détruites, et qui ne permettent aux plus fortes et aux plus persévérantes d'arriver qu'exténuées de fatigue et brisées par des chutes sans nombre. Ouvrons donc une route large et belle, que chacun puisse parcourir à son aise ; afin que, une fois arrivé, on soit assez nombreux et assez dispos pour édifier enfin une grande et magnifique cité ; ce que n'ont pu faire jusqu'ici les individus en si petit nombre qui sont arrivés avec toute leur vigueur. A l'œuvre donc ! et que la vérité repoussée soit à son tour sans pitié pour l'erreur, dédaigneuse parce qu'elle est triomphante.

Mais avant de rechercher les causes qui ont perpétué jusqu'à nos jours l'état déplorable dans lequel nous voyons le haut enseignement musical, établissons d'une manière irréfutable que l'enseignement de l'harmonie es à peu près sans résultats pour l'immense majorité de ceux qui se livrent à cette étude, même pour ceux que Dieu a marqués du sceau divin, en leur insufflant une étincelle de génie. Que l'on nous permette d'invoquer ici le témoignage de deux hommes dont personne ne révoquera en doute la haute compétence en pareille matière.

Commençons par l'immortel et à tout jamais regrettable auteur d'Oberon, d'Euryanthe et de Freyschutz. Voici ce que l'on trouve dans sa biographie (traduction de madame Levasseur, née Zéis), insérée dans la *France musicale* du 23 février 1845, sous le titre de : « *Biographie de* Ch. M. Weber. » Je transcris seulement de cette lettre la partie relative à la question dont il s'agit en ce moment. Weber parle de musique et il ajoute :

« ... J'acquis des connaissances, et, après avoir été empirique, je tom-
« bai sur des ouvrages théoriques. Un monde nouveau s'ouvrit pour moi ;
« je crus pouvoir épuiser tous les trésors de la science ; je dévorai les
« systèmes : je me fiai aveuglément à l'autorité des grands noms sur le
« crédit desquels ils étaient admis, ET JE NE SUS RIEN. »

Plus loin on trouve les lignes suivantes : « J'ai beaucoup exercé prati-
« quement, beaucoup appris théoriquement ; examiné plusieurs ques-
« tions ; et, dans nos lettres surtout, discuté et rectifié bien des erreurs.
« Malgré cela, je suis peiné de voir que *ce que je sais est dû au ha-
« sard* (1) ; *que c'est incohérent, que je ne puis approuver nos grands
« maîtres que conditionnellement ; que mon instruction a été faite sans
« un plan déterminé.* Toutes ces réflexions me viennent d'un *maudit
« docteur en médecine* (2) auquel j'enseigne le contre-point, au moyen
« duquel il veut apprendre à composer un air sur sa guitare. »

« Ce docteur a tant de POURQUOI et si peu de respect pour l'autorité d'un
« nom quelconque ; il ne veut juger les questions tellement qu'en elles-
« mêmes, que, *malgré tout mon savoir, je suis souvent fort embarrassé.*
« Je sens tous les jours plus vivement que *nous défendons et ordonnons,
« sans dire le* POURQUOI, *sans indiquer le* COMMENT. On dit : BACH *a fait ceci ;
« HAENDEL n'écrivait pas ainsi ;* MOZART *s'est permis cela.* Mais, si par bon-
« heur *il nous vient une idée que ceux-ci n'aient pas eue, il faudrait pres-
« que la rejeter,* PARCE QU'IL EST IMPOSSIBLE DE PROUVER QUE L'ON PEUT ÉCRIRE
« AINSI. LA MUSIQUE MANQUE D'UNE BASE SOLIDE, D'UNE DI-
« RECTION INVARIABLE. *Le sentiment, et encore le sentiment !... Mais
« qui dira que le sien est bon ?...* »

---

1) Il aurait pu dire : au génie.
(4) Je ne serai donc pas le premier docteur maudit.

J'arrête-là cette citation. Elle est écrasante pour l'enseignement musical ; je veux dire pour la science musicale tout entière.

Quoi ! Weber lui-même, une des plus riches organisations musicales à qui il ait été donné de se développer ; Weber, doué du double génie de la mélodie et de l'harmonie, déclare qu'il *a tout lu, tout appris, tout dévoré en théorie*, et il ajoute qu'il ne sut rien !... Rien ! entendez-vous bien ?

Il a beaucoup exercé pratiquement ; beaucoup appris théoriquement, et tout ce qu'il sait, il le doit au hasard. Tout ce qu'il sait est incohérent ; son éducation a été faite sans un plan déterminé. Et peut-être eût-il, comme tant d'autres, négligé de faire son examen scientifique, sans ce *maudit docteur* avec ses *pourquoi*. Avis à messieurs des conservatoires : Weber leur a donné là un noble exemple ; qu'ils osent l'imiter, et que chacun se pose cette simple question : *Que sais-je ?* Il y a longtemps que Montaigne la leur a indiquée.

Et que répondre à ceci : Si Dieu vous envoie une idée neuve, il faut presque la rejeter, parce qu'on ne peut prouver que l'on peut écrire ainsi, Bach, Haendel et Mozart n'ayant jamais eu cette idée.

Ainsi, quand Béranger, Georges Sand, Victor Hugo, Lamartine, Eugène Sue, et tous les grands littérateurs modernes, rencontrent une tournure de phrase qui ne se trouve pas dans Racine ou Bossuet, ils ne devront pas la prendre, car ils ne peuvent pas prouver que leurs devanciers ont écrit ainsi. Arrière ce stupide lit de Procuste ; il n'est plus de notre siècle !

Et ce dernier aveu : la musique manque d'une base solide, d'une direction invariable ; le sentiment et toujours le sentiment !!

Et cela, je le répète, est proclamé par Weber, en qui une haute intelligence rehaussait une admirable organisation musicale. Une pareille confession suffirait à elle seule pour établir ce que j'ai avancé : Que l'enseignement de la musique, enseignement élémentaire et enseignement transcendant, est encore en *basse enfance*, et qu'il est temps de lui ôter ses langes, si l'on ne veut pas atrophier à tout jamais ses membres garrottés.

Si l'on pouvait évaluer le nombre immense des personnes qui ont échoué dans l'étude des premiers éléments de la musique ; si l'on pouvait compter le nombre bien plus immense encore de ceux qui n'ont pas voulu tenter une entreprise regardée par eux comme impraticable ; si l'on pouvait, enfin, compter, parmi les élus, le nombre encore bien grand de ceux qui, arrivés à apprendre la musique, ont été épuisés par l'étude des contre-points, et ont vu disparaître les facultés naissantes que Dieu leur avait données, on reculerait effrayé des résultats déplorables auxquels ont conduit de mauvais signes graphiques; car, seuls, ils sont la première cause du mal.

A ces aveux de Weber, ajoutons les paroles suivantes de Reicha, ce roi des théoriciens modernes, qui devait se connaître aux difficultés de l'enseignement de l'harmonie. Voici ces paroles : « La composition musicale est un art fort difficile, *même lorsque la nature nous a accordé du génie*. Un élève qui aspire au titre de compositeur ne devrait concourir qu'après huit ans d'un travail sérieux et assidu, *parce que ce n'est qu'après ce laps de temps qu'il commence à se rendre compte de ce qu'il fait, en supposant même qu'il ait été bien guidé* (1). Après un pareil nombre d'années d'expérience, de méditations et *d'observations faites sur les effets de ses propres productions*, il peut acquérir des droits à l'honneur de concourir. » (*Traité de mélodie, abstraction faite de ses rapports avec l'harmonie*, par Antoine Reicha. Paris, 1814, avec cette épigraphe : *Rerum cognoscere causas*.)

Ainsi, *lorsque la nature nous a accordé du génie, lorsqu'on est bien conduit, lorsque l'on travaille sérieusement et assidûment*, ce n'est qu'après HUIT ANNÉES QUE L'ON COMMENCE A SE RENDRE COMPTE DE CE QUE L'ON FAIT ! Et encore, ce n'est pour ainsi dire que par suite des méditations et des observations que l'on fait sur ses propres travaux, que l'on doit ce commencement de lumière qui vient éclairer votre marche!... et jusque-là, vous avez marché dans les ténèbres!.. Prenez-y garde; celui qui a marché huit années consécutives dans les ténèbres est bien près d'avoir perdu la faculté d'y voir en plein jour; il est plus près de devenir aveugle qu'illuminé. Et, pour peu qu'il rencontre une lumière un peu vive, elle lui cause une telle impression de douleur, qu'il détourne la tête avec angoisse, craignant de rencontrer de nouveau cette lumière qui l'a si douloureusement affecté.

Laissons un moment ce langage figuré... Oui, celui qui huit années a

---

(1) *Note de Reicha.* Du temps de Palestrina, d'Allegri, de Corelli, de Scarlatti, on ne reconnaissait pour compositeur que celui qui pouvait prouver, *au bout de sept ou huit années*, par des témoignages authentiques, qu'il devait ses connaissances à une excellente école. Aujourd'hui, c'est bien différent ! On accorde le titre de compositeur à tous ceux qui ont obtenu quelque succès avec des opéras, qui, le plus souvent, ne sont que *des témoignages authentiques* de leur ignorance. Voilà une des causes principales qui font que tant d'opéras n'ont qu'un moment de vogue, et rentrent avec justice dans le néant d'où ils sont sortis.

pataugé au milieu d'un dédale de règles sans liaisons, sans ordre; celui qui a été habitué pendant de longues années à se contenter d'affirmations sans preuves, à accepter des raisonnements absurdes, en opposition flagrante avec la logique; celui-là a perdu la faculté de raisonner, et ne doit plus rien comprendre aux ouvrages mathématiques. Le génie puissant échappe seul, et encore n'est-ce peut-être que parce qu'il est assez fort pour dominer les règles, pour sauter par-dessus les roches.

Voyez, du reste, la concordance des aveux de ces deux maîtres: où Weber parle de *connaissances incohérentes*, acquises pendant une route pénible et *sans plan déterminé*, Reicha vous dit que *ce n'est qu'après huit années que l'on commence à comprendre*. Où Weber parle de *connaissances dues au hasard*, Reicha dit que c'est surtout en *méditant et en observant son propre travail* que l'on acquiert quelque chose. Qu'est-ce donc que vos inutiles règles, si le hasard, aidé de mes méditations, est seul capable de m'apprendre quelque chose?

Que répondriez-vous au guide qui, devant vous conduire sur le Mont-Blanc, vous dirait: Si vous êtes fort, patient et courageux; si vous marchez longtemps, consciencieusement et sans relâche; si vous observez bien tous les chemins que vous parcourrez; si vous méditez sur tous les sentiers que le hasard vous fera découvrir; en un mot, si Dieu vous a béni, vous pouvez être appelé à l'honneur d'inscrire votre nom au sommet du mont. — Autrement, ce qui pourrait vous advenir de plus heureux serait de ne pas arriver du tout; et, après avoir longtemps et vainement marché à l'aventure, d'avoir perdu votre temps, votre santé peut-être, et votre bourse; heureux si vous ne tombez pas dans quelque précipice, ou si vous n'êtes pas englouti par une avalanche!

Il me semble que votre réponse serait bien simple: Si c'est là tout ce que vous pouvez pour nous, *trop savant guide*, nous vous remercions de vos soins et de vos conseils. Nous tâcherons de rencontrer quelqu'un plus au fait que vous des sentiers accessibles, et s'il nous paraît être un véritable guide, nous le suivrons avec prudence; si nous ne trouvons personne, nous ajournerons notre promenade, n'ayant nul désir de passer pour des échappés de Charenton : car des fous seuls pourraient vous suivre, après de tels aveux.

Voici un article de M. Oscar Commettant, que j'emprunte au feuilleton du journal Le Siècle du 4 août 1845... Cet article est parfaitement en harmonie avec la lettre de Weber. Je transcris littéralement, laissant cette fois au lecteur le soin de tirer les conséquences. Il s'agit du Conservatoire royal de musique de Paris :

« C'est particulièrement dans les classes d'harmonie qu'on peut remar-
« quer le défaut d'unité d'enseignement. Chaque professeur est incertain
« sur les principes qu'il doit accepter pour former la base de cette partie
« de la musique, et il n'est pas rare de voir approuver très-chaleureuse-
« ment par un de ces messieurs telle ou telle chose qu'un autre regarde
« comme un barbarisme intolérable. D'où vient cette incertitude sur les
« règles à suivre? Cela tient particulièrement à l'introduction des divers
« éléments dont la musique s'est enrichie depuis cinquante ans environ, et,
« disons-le en passant, parmi lesquels il faut citer l'art sublime d'exprimer
« à son juste degré, avec grâce, élégance, d'une manière toujours char-
« mante et toujours méthodique, musicale, des sentiments humains, soit
« qu'on ait à rendre, comme dans *Otello*, la colère d'un amant jaloux,
« soit qu'on veuille peindre, comme dans le duo de *Cenerentola*, l'amour
« naissant et naïf de deux cœurs sympathiques. La musique moderne, avec
» ses magnifiques combinaisons instrumentales, ses formules pittoresques
« et hardies, est un art vraiment nouveau dont Haydn et Mozart ont posé
« les prémisses, laissant à l'immense génie de Beethoven et de Rossini le
« soin de le révéler tout entier.

« Les professeurs qui comprennent parfaitement toute l'importance de
« ces conquêtes, sentent le besoin d'enseigner à leurs élèves, qui seront
« un jour compositeurs, autre chose qu'une harmonie systématique,
« pauvre, monotone, lourde, sans poésie, d'une forme antédiluvienne,
« toute de parti pris, sans aucun charme, et qui n'a d'autre but que celui
« de résoudre un problème de combinaisons froides et prétentieuses, le
« tout bâti sur un rhythme commun, à la façon de nos anciens composi-
« teurs, qui s'en servaient indifféremment pour exprimer, ou plutôt pour
« ne pas exprimer, les sentiments calmes, profonds et religieux, aussi bien
« que la folle et bruyante allégresse d'un chœur de buveurs. Compositeurs
« distingués eux-mêmes, les professeurs actuels comprennent que le *nec
« plus ultrà* de l'art ne consiste pas à faire des imitations par *augmenta-
« tion* et par *diminution* sur tous les degrés de la gamme et à ouvrir des
« canons énigmatiques. Mais, d'un autre côté, ils tiennent à continuer les
« traditions de l'école, à être ce qu'on appelle classiques. De toutes ces
« idées contradictoires, résulte une indécision qui leur fait dire quelquefois,
« comme nous l'avons entendu : « Je vous défends cela parce que nous

« sommes au Conservatoire, et qu'il faut bien respecter les traditions. Chez
« moi je vous le permettrais. Palestrina et Hændel ne l'ont jamais fait sans
« doute ; mais Rossini l'a si bien employé, et après lui ses imitateurs en
« ont tiré si bon parti, qu'il m'est impossible de croire que ce soit une
« faute. »

» D'où vient donc que, par une singulière anomalie, on hésite tant à
« accepter ce que l'on trouve si bien ? L'harmonie n'est pourtant pas passée
« à l'état de loi chinoise, et il est permis aux hommes de génie de la rendre
« plus riche et plus puissante. Être classique, ce n'est pas être antiquaire,
« et il nous semble que le professeur éclectique comprend parfaitement ses
« devoirs de didacticien en prescrivant comme règles les lois sur lesquelles
« sont fondés des ouvrages qu'une sévère réflexion et le sentiment élevé du
« beau indiquent comme des chefs-d'œuvre.

« Ne serait-il pas raisonnable et urgent, en conciliant les diverses opi-
« nions, de prendre les éléments modernes, de les fondre dans ce que l'an-
« cienne méthode peut avoir de bon, et de composer à l'usage de l'Ecole
« nationale de musique un cours d'harmonie, comme on a fait pour
« d'autres parties de l'art, et notamment pour le solfége du Conserva-
« toire (1) ? Alors seulement on verrait finir ces discussions incessantes de
« professeurs à professeurs, dont les examens trimestriels ne manquent ja-
« mais de fournir quelque exemple. Les élèves, pleins de confiance et sûrs
« alors de la route qu'ils devraient suivre, ne seraient point entravés dans
« leur marche par mille conseils contradictoires. »

Enfin, et pour en finir avec ce préambule, un peu long peut-être, l'ho-
norable directeur actuel du Conservatoire royal de musique, l'auteur célèbre de la *Muette* et de tant d'autres opéras justement applaudis, m'a dit, en
présence de cinquante personnes : « *que le vénérable Chérubini, son pré-
décesseur au Conservatoire, étudiait encore le contre-point à 70 ans; et que
lui-même le travaillait tous les jours!* (2). » —Jusques à quand travailleront
donc ceux qui n'ont pas le génie d'AUBER et de CHÉRUBINI ? Ces aveux sont
désespérants.

---

(1) Le solfége est à son tour complétement dépassé par les progrès que Galin et son école
ont fait faire à l'enseignement élémentaire de la musique (Émile Chevé).

(2) Dieu, dans sa justice éternelle, a dû rappeler sans cesse l'homme au bon sens, quand il
s'en éloigne.

Eh bien! cette admirable conscience de Chérubini et d'Auber, qui les porte à étudier jusqu'à la fin de leur carrière les contre-points dont ils n'ont que faire, n'est-elle pas la punition

Ces témoignages me semblent concluants pour toutes les personnes sérieuses; et il me paraît maintenant suffisamment prouvé que l'on ne peut pas, dans un temps raisonnable, se flatter d'enseigner le contre-point, comme la rhétorique, à une masse d'individus pris au hasard. Arrivons maintenant à la recherche des causes de ce déplorable état du haut enseignement musical.

Ces causes, qui se sont engendrées l'une l'autre, se présentent à notre esprit dans l'ordre suivant de filiation :

1° Imperfection des signes de l'écriture musicale;
2° Absence complète de théorie élémentaire;
3° Absence d'une théorie complète des accords, et, par suite, incohérence des règles de l'harmonie;
4° Habitude d'une logique défectueuse;
5° Confiance aveugle dans la parole du maître, et, par suite, habitude de ne pas se servir de son intelligence.
6° Absence de tout esprit progressif;
7° Éloignement des mathématiciens, par l'impossibilité où ils sont de rien comprendre à la théorie musicale

Démontrons la vérité de nos assertions en étudiant en particulier chacune des sept causes principales que nous venons d'énumérer. Commençons par celle qui est relative à l'imperfection des signes de l'écriture musicale, imperfection qui est la cause première de tout le mal.

1ʳᵉ Cause. — *Imperfection des signes de l'écriture musicale.*

Pour qu'une analyse mathématique puisse être faite avec rigueur et facilité, il faut que les signes qui servent à représenter les éléments de l'analyse soient assez clairs, assez précis, assez explicites, pour que l'intelligence voie nettement et vite ce qu'on lui présente, et qu'elle puisse embrasser facilement les idées qu'elle doit analyser et sur lesquelles elle devra baser ses jugements. Il est évident que si les signes qui sont appelés à représenter les idées sont tellement défectueux, tellement obscurs, qu'il faille déjà une

---

paternelle que Dieu leur impose, pour les avertir qu'ils sont en mauvaise route, qu'il en faut chercher une autre ; et que, tant qu'ils condamneront aux travaux forcés des contre-points et des fugues tous les malheureux dont l'instruction leur est confiée il est de toute justice qu'ils subissent la même condamnation. — Je ne puis trouver d'autre explication à des faits aussi extraordinaires. — Écoutez-donc la voix de Dieu ; et cherchez une autre route.

grande dépense d'attention pour les interpréter, l'intelligence, fatiguée et distraite par un travail étranger à celui de l'analyse, n'est plus entière pour faire ce travail : ceci est incontestable.

Mais que sera-ce si, au lieu d'être simplement obscurs et embrouillés, les signes sont tout-à-fait absurdes; si huit signes différents peuvent être appelés à représenter le même mot; et, ce qui est incroyable, si le même signe peut représenter une infinité d'idées. Alors, l'esprit écrasé par cette écriture monstrueuse ne peut plus rien faire, toute sa force étant nécessaire pour parvenir à comprendre ce qu'on lui dit.

Et si, après tout cela, l'écrivain a encore la bonne idée d'employer dans le même mot la même lettre avec des significations diverses, ou des lettres différentes avec une signification identique? Oh! alors, le bon sens se révolte à un pareil oubli du sens commun et se refuse à croire ce qu'il voit ainsi pour la première fois; il a besoin de le voir toujours et partout pour y croire.

Ajoutons enfin, pour compléter ce tableau, que les personnes qui écrivent de la musique vocale s'attachent pour ainsi dire à surenchérir sur tous les vices de leur système d'écriture. Ainsi, au lieu d'isoler exactement chaque unité, de manière que l'œil voie nettement ce qu'on lui demande, on scinde l'unité en plusieurs morceaux que l'on éparpille à plaisir, à vous de les réunir; d'autres fois, on amalgame, sans aucune règle, des fractions de plusieurs unités; si bien qu'il faut vraiment être sorcier pour deviner vite et bien ce qui est écrit. En un mot, on fait perpétuellement en musique ce que ferait un littérateur qui, voulant exprimer l'idée que voici,

« Que peuvent contre Dieu tous les rois de la terre? »

l'écrirait ainsi :

« Qu ep euven tço ntr eDi euto usle sroisd elater re? »

Coupant les mots à plaisir, ou réunissant les lettres de deux mots différents. On dirait à un pareil littérateur qu'il est à côté du bon sens. Que dire alors aux musiciens qui ajoutent ce petit complément à une écriture déjà si mauvaise?

Eh bien! tout ce que je viens de dire là est exactement vrai de l'écriture musicale. En voici la preuve :

Huit signes différents peuvent être appelés à représenter la même idée... C'est vrai; l'unité est représentée, selon les cas, par les huit signes appelés ronde, blanche, noire, croche, ronde pointée, blanche pointée, noire pointée, croche pointée.

La *moitié*, le *tiers*, le *quart*, etc., ont chacun quatre signes représentatifs.

Le même signe peut représenter une infinité d'idées... C'est vrai; la croche, selon la mesure où on l'emploie, peut représenter, avec une forme unique : $1, \frac{2}{3}, \frac{1}{2}, \frac{1}{3}, \frac{1}{4}, \frac{1}{5}, \frac{1}{6}, \frac{1}{7}$, et toutes les fractions comprises entre $\frac{1}{7}$ et $\frac{1}{27}$, et chacun des autres signes de durée est dans le même cas.

La même lettre, dans le même mot, peut avoir quatre significations différentes. Ceci est encore vrai. Le même point noir, la même note, occupant la même place sur quatre portées différentes et faisant partie du même accord, *du même mot harmonique*, peut s'appeler *sol*, sur une portée; *si*, sur l'autre; *ré*, sur la troisième, et *fa* sur la quatrième, en employant, comme le font les harmonistes, quatre clés différentes. Le travail de Chérubini se distingue au milieu de tous les autres par cette ingénieuse manière d'écrire.

Quatre lettres différentes peuvent représenter la même note, la même lettre. — Prenez quatre portées avec quatre clés d'*ut* différentes, et quatre notes, différemment placées, représenteront non-seulement quatre *ut*, mais quatre fois le même *ut*. Ouvrez le premier Traité d'harmonie, et vous serez pleinement édifié à cet égard.

En combinant la complication des sept clés avec la complication des huit signes de l'unité, cela donne cinquante-six manières d'écrire chaque mot pris dans une seule gamme, je veux dire dans une seule langue (tome 1er, page 505). Cinquante-six manières d'écrire le même mot!.. à la bonne heure; malheureusement, ce n'est pas le cas de dire : *Abondance de bien ne nuit pas.*

Je ne pousse pas plus loin cette énumération d'absurdités, que j'ai donnée plus en détail au tome premier; en voilà plus qu'il n'en faut pour satisfaire les personnes qui cherchent franchement la vérité; quant aux autres, cent volumes ne les convaincraient pas davantage, et ce n'est pas à elles que je m'adresse.

Si l'on veut remarquer que la musique est une langue composée, puisqu'il faut donner une intonation déterminée en même temps qu'une durée imposée; on comprendra que, bien plus que les langues parlées, la musique a besoin non-seulement de signes exacts, mais encore de signes clairs, précis, *instantanément appréciables*, puisqu'on est forcé de dire dans un temps donné, ni trop vite ni trop lentement, les mots dont elle se compose; tandis que celui qui lit une langue ordinaire peut prendre tout le temps qu'il veut pour épeler ses mots, s'il ne sait pas les lire en bloc; il ne perd pas l'idée écrite; mais en musique, la durée est un élément aussi pivotal que l'intonation.

Eh bien! c'est précisément celle des deux langues qui offre trois fois plus de difficultés réelles que l'autre, qui adopte cette écriture épouvantable, dont je viens d'indiquer quelques-uns des principaux défauts. Étonnez-vous donc ensuite que la théorie musicale soit en désaccord avec le bon sens, quand l'écriture dont elle se sert pour toutes ses démonstrations et ses analyses est elle-même en opposition complète avec la logique.

Ainsi, vous le voyez; voilà la première cause de tout le mal en musique; en musique élémentaire, comme en musique transcendante. Ne la cherchez pas ailleurs; toutes les autres causes que nous allons étudier découlent de celle-ci. A vous, maintenant, de voir si vous voulez, ou non, imiter l'exemple des mathématiciens. Quand ils ont vu que, pendant dix siècles, et plus, d'usage des chiffres romains, ils n'avaient pu sortir de l'ornière, ils ont fini par adopter le chiffre arabe; et aussitôt, ils ont élevé leur science jusque dans les cieux. Ainsi, choisissez; changez de signes pour vos analyses (1), et votre science, elle aussi, s'élèvera vers les cieux; car l'harmonie musicale est une science céleste; ou bien, si l'habitude des ténèbres vous a complétement aveuglés, restez sur votre escabelle, et laissez passer en avant ceux qui ont conservé la faculté de sentir encore la plus belle chose de notre création ; la lumière (2).

---

(1) D'ailleurs, le changement que nous vous demandons est très-peu de chose, puisque vous employez déjà le *chiffre* pour *chiffrer* vos accords. Seulement il vous est arrivé ce qui arrive toujours à ceux qui partent d'une base fausse, même quand ils emploient quelque chose de bon : votre manière de chiffrer les accords prouve ce que j'avance; car, bien qu'employant des caractères très-corrects, les chiffres, le chiffrement des accords est encore une chose horriblement mauvaise et mal faite. — Cela tient à ce que, tout occupés de *chiffrer* vos accords, vous ne vous inquiétez pas le moins du monde de les faire *déchiffrer* ; ce serait cependant bien autrement important. Du reste, cette habitude de chiffrer les accords est une preuve sans réplique de votre mauvaise écriture : vous ne la changeriez pas, si elle n'était très-mauvaise. — Poussez donc alors la réforme jusqu'au bout, et acceptez l'admirable écriture de Galin, chef-d'œuvre de clarté et de précision.

(2) Voici un fait que je recommande aux méditations des hommes haut placés dans l'enseignement musical :

« La Condamine nous apprend dans sa relation qu'il est des peuples qui ne comptent
« que jusqu'à trois, et le terme Poellarrarorinoourac, qu'ils emploient pour désigner ce nom-

2ᵉ Cause. — *Absence de théorie élémentaire.*

Cette absence de théorie est la conséquence immédiate des mauvais signes. Pour le prouver, partageons la théorie en deux : prenons d'abord ce qui est relatif à l'intonation, nous prendrons ensuite ce qui est relatif à la durée.

L'INTONATION tout entière repose sur la théorie des *intervalles* ; de cette théorie découle celles des trois modes, *diatonique, chromatique* et *enharmonique* ; de la théorie de ces modes, découle à son tour la théorie si simple et si belle des *modulations*.

Eh bien ! l'absence de signes convenables pour démontrer l'égalité des secondes majeures entre elles, et pour démontrer l'existence des secondes mineures, a laissé croupir la théorie dans cette absurde hypothèse des *demi-tons*. Puis, le mal engendrant le mal, un langage vicieux est venu se greffer sur des signes vicieux, et alors la musique s'est trouvée enrichie de *quintes diminuées* (qui ne sont pas diminuées du tout) ; de *quartes augmentées* (auxquelles on n'a rien ajouté) ; de *quintes* et de *quartes fausses* (qui n'ont rien de faux) ; de *demi-tons mineurs* (qui sont PLUS GRANDS que les *demi-tons majeurs*), et *vice versâ*. Puis, en avançant davantage, on trouve des *consonnances parfaites*, qui sont moins bonnes, moins douces que les *consonnances imparfaites*, etc. Que vous dirai-je ? Et les quintes cachées, et les octaves cachées, et les tritons masqués, etc., etc. ?

Puis, comme conséquence pratique, on trouve qu'il faut apprendre trente langues, quinze majeures et quinze mineures, quand il n'y en a que deux, une majeure et une mineure ; et l'élève dépense sa vie à épeler péniblement ces trente langues, que personne peut-être ne parle couramment ; le fait est facile à prouver. Puis on arrive à ces conclusions qui surprendront la génération future : que le ton de *ré* ne donne pas le même air que le ton de *si* ; que le ton de *si mineur* est le plus beau des mineurs, etc. Et vous oubliez de dire où le bon Dieu a placé le son ini-

---

« bre, est si compliqué, d'une prononciation si longue et si difficile, que, comme Condillac
« l'observe, il n'est pas étonnant qu'ayant commencé d'une manière si peu commode, ils
« n'aient pu aller au-delà. (Richerand, *Éléments de physiologie*). »

Poellarrarorinoourac ! pendez-vous, amis du langage absurde ; vous n'avez pas imaginé Poellarrarorinoourac !

tial qui a ainsi donné une individualité à chacun des degrés de la gamme que vous admettez, et qui n'est pas la même que celle de votre voisin : comme si la vérité pouvait être double. Vous oubliez que la pincette qui donne ce son initial sort de la tête d'un forgeron, qui avait sans doute mission de Dieu de créer la tonalité; je me trompe : les tonalités.

Et l'on arrive enfin à la plus monstrueuse utopie qui soit jamais sortie d'un cerveau fêlé : faire à la population tout entière retenir *la hauteur absolue, mathématique*, qu'il a plu au forgeron qui a fabriqué le diapason de donner à chacun des intervalles que nous pouvons mesurer, à partir de ce point de départ factice, conventionnel, perpétuellement variable d'une localité à une autre, de l'Opéra aux Italiens ! Et quand ce point de départ varie, notre appréciation doit varier sans doute, où elle est en défaut ! et les myriades de sons qui ne forment pas série régulière avec votre pincette, sons que Dieu, dans sa générosité infinie, a mis dans votre larynx, et qui ont eu la maladresse de ne pas former *quinte juste ou fausse, consonnance parfaite ou imparfaite, demi-ton mineur ou majeur* avec la pincette, ces malheureux sons se trouvent ainsi à tout jamais condamnés au néant ! Et vous vous énorgueillissez de votre ouvrage ! Ah ! vous avez bien raison ; votre cerveau débile n'était plus capable d'embrasser dans son majestueux ensemble l'œuvre sublime du Créateur ; un misérable lambeau vous en a suffi ; et encore vous ne pouvez que le traîner péniblement !

Et, comme complément de tout cela, on arrive à vous donner, comme chose parfaitement rationnelle, les modulations par l'ENHARMONIE (mot heureux qui attend ses sœurs la *chromatie* et la *diatonie*), le plus grand barbarisme musical que l'on puisse commettre ! Et en plein Conservatoire royal, où l'on admet apparemment l'individualité de chacune des gammes majeures, et de chacune des gammes mineures, puisqu'on les fait apprendre isolément, on professe *la similitude du ton de sol-bémol et de fa-dièse, de ré-bémol et de ut-dièse*; et l'on habitue les oreilles des élèves à un langage monstrueux comme celui-ci : « Quel est le ton SYNONYME de *sol-bémol ?* L'élève doit répondre: *fa-dièse*. » Et au lieu de montrer l'imperfection du piano, qui en est encore à l'identité monstrueuse du dièse et du bémol, on y ramène toute la musique ; et l'homme orgueilleux soumet ainsi le larynx, instrument parfait sorti des mains de Dieu, à la mauvaise caisse qu'il a nommée piano, et qu'il n'a pu encore mettre en état de jouer juste une seule gamme ! Voilà où l'on arrive quand on a de mau-

— 48 —

vais instruments, qui ne vous permettent jamais de voir ce que vous faites ni où vous allez.

Voulez-vous jeter un coup-d'œil maintenant sur la question des durées, c'est bien pire encore.

Toute la théorie des durées se résume en trois mots : rhythme, mesure, temps et ses divisions.

Interrogez sur ces trois mots ceux qui ont étudié la musique à une autre source qu'à celle de Galin ; et, s'ils n'y ont vraiment pas puisé, vous verrez ce qu'ils vous répondront.

Le rhythme n'est nulle part indiqué dans la pratique, puisqu'il n'y a pas de ponctuation musicale (1). Pas de ponctuation en musique ! Comprend-on une pareille omission ? La musique, bien plus difficile que les langues, n'a point de ponctuation ! Enlevez donc tous les points, les points-virgules et les virgules d'un livre, et priez ensuite nos plus grands orateurs d'aller lire ce livre en pleine tribune, vous verrez comme ils seront à leur aise, et comme ils auront vite jeté au feu un pareil livre. Et cependant presque personne ne songe à élever la voix contre une pareille lacune.

La mesure, qui n'est autre chose que l'apparition régulière d'un coup fort de deux en deux, de trois en trois ou de quatre en quatre unités, est la chose du monde la plus simple, la plus naturelle ; car il n'y a pas d'enfant qui ne marche au pas avec un tambour ou une musique. Eh bien ! ouvrez le premier solfége venu, vous y trouverez douze, quinze, dix-neuf lambeaux informes d'un système jadis suffisant, mais marqué au coin de l'enfance de l'art, et que pas un solfége n'a su débrouiller dans son ensemble. Vous y voyez cette idée si simple de *trois mesures*, contenant *deux, trois* ou *quatre unités*, *d'un coup fort à l'autre*, travestie de la manière la plus burlesque, sous ce fatras de fractions $\frac{2}{1}, \frac{6}{2}, \frac{6}{4}, \frac{3}{1}, \frac{3}{2}, \frac{9}{2}, \frac{9}{4}, \frac{4}{2}$, $\frac{12}{4}, \frac{2}{4}, \frac{2}{8}, \frac{6}{8}, \frac{6}{16}, \frac{3}{4}, \frac{3}{8}, \frac{9}{16}, \frac{9}{8}, \frac{12}{8}$, etc. Je le demande à l'académie des sciences elle-même, si elle désirait apprendre la théorie de la mesure, et qu'on la lui présentât de cette manière, que pourrait-elle y comprendre. Et que ferait-elle donc si on la lui présentait sous la forme suivante, *adoptée par elle et par le conseil royal de l'instruction publique*, dans cette malheureuse méthode Wilhem, dans laquelle quelque malin esprit, jaloux

---

(1) Quelques auteurs modernes commencent cependant à ponctuer la musique *élémentaire;* il était temps !

de l'avenir musical de la France, a si adroitement et si despotiquement enlacé toute la France. Oh! alors je le donne à deviner au plus fin, je ne dis pas au plus intelligent; ici je ne parle plus de l'intelligence, qui ne doit pas descendre jusqu'à l'étude de logogriphes, tels que le suivant qui se trouve dans la méthode Wilhem, t. 1, p. 155.

TABLEAU GÉNÉRAL DES MESURES, D'APRÈS B. WILHEM.

MESURES SIMPLES, INDIQUÉES PAR UN SEUL CHIFFRE.	MESURES COMPOSÉES, CONTENANT PLUS D'UNE RONDE.	MESURES DÉRIVÉES, CONTENANT MOINS D'UNE RONDE.
C ou 4, ₵ ou 2, 3	$\frac{2}{1}\ \frac{6}{2}\ \frac{6}{4}\ \frac{3}{1}\ \frac{9}{2}\ \frac{9}{2}\ \frac{4}{2}\ \frac{12}{4}$	$\frac{2}{4}\ \frac{2}{8}\ \frac{6}{10}\ \frac{6}{4}\ \frac{3}{8}\ \frac{3}{10}\ \frac{9}{8}\ \frac{12}{8}$

Et le *Conseil royal* n'a pas craint de mettre son nom sur un livre qui est plein de faits pareils! et l'*Institut lui-même* a couvert de son manteau scientifique un livre qu'il n'a sûrement pas lu, et qui cependant portera son approbation à nos neveux! Hélas! jetons un voile sur ces malheureux fruits de notre triste civilisation.

Lorsque l'écriture actuelle de la musique a été imaginée, on n'avait pas pensé à inventer *un diapason pour la mesure*, je veux parler du *métronome*; de là ces huit signes de l'unité, qui, appliqués chacun aux trois mesures, ont fourni vingt-quatre formes, et non pas dix-neuf, comme on le dit. Ce système était bon quand la musique était dans l'enfance; mais aujourd'hui qu'elle se fait grande, il lui devient trop étroit : il faut le changer. Il n'y aurait pas plus de raison de conserver aujourd'hui à la science musicale une écriture devenue trop petite pour elle (passez-moi le mot) qu'il n'y en aurait de conserver à messieurs des Conservatoires leurs culottes de première communion.

Quant à la théorie des divisions que peut subir l'unité de durée en musique, je ne citerai qu'un seul fait, et j'espère que les mathématiciens qui ont approuvé la méthode Wilhem m'en remercieront. Ce fait, le voici : les solféges ont découvert que les *tiers dérivaient des moitiés*. — Oui, Messieurs, une mesure dans laquelle l'entier subit la division binaire, où il est représenté par *deux moitiés*, s'appelle, dans tous les livres de musique (1), une mesure simple; et une mesure dans laquelle le temps a subi la division ternaire, dans laquelle l'entier est représenté par trois tiers, est une mesure *dérivée*. Vous l'entendez bien ; *trois*, nombre que les mathématiciens avaient jusqu'ici regardé comme nombre premier, hélas! n'est qu'un nombre *dérivé!* Le voilà réduit au rôle de multiple ; les faiseurs de solféges ont découvert le fait, consigné dans tous leurs livres. Malheureusement pour nous, ils ne nous ont pas encore indiqué les deux heureux facteurs qui ont produit trois, et nous sommes réduits à les en croire sur parole. Allez donc ensuite comprendre quelque chose à la théorie de la mesure avec des logiciens qui font dériver les nombres premiers les uns des autres.

Et maintenant, voulez-vous que je vous apprenne, et *aux solféges en même temps*, ce qui les a conduits à cette monstruosité, qui ne serait que bouffonne sans son influence déplorable sur la pratique? — Eh bien ! cela vient encore de l'écriture musicale.

En voici la preuve : quand le système actuel d'écriture musicale a été créé, la musique ne connaissait que la division binaire ; c'est-à-dire que l'unité ne se divisait qu'en moitié, en quarts, et peut-être en huitièmes ; la division ternaire, tiers, sixièmes, douzièmes, etc., était inconnue. Aussi ce système a-t-il quatre signes pour l'unité, quatre signes pour les moitiés, quatre signes pour les quarts, et quatre signes pour les huitièmes. Mais il n'en a pas un seul pour les tiers, les sixièmes, etc. (2). Or, quand la musique a grandi, et que des organes plus exercés ont pu faire des tiers, des sixièmes, neuvièmes, etc., il a bien fallu écrire ces nouvelles fractions introduites dans la durée des sons. En pareille occurrence, qu'aurait fait le premier collégien venu?

Il vous aurait dit : puisqu'il y a dans votre système quatre signes pour

---

(1) Wilhem a encore perfectionné la chose.

(2) Voulez-vous une nouvelle preuve que les anciens n'avaient pas la division ternaire, et, en même temps, une nouvelle conséquence de votre mauvaise écriture?
Tous les traités de contre-point vous disent qu'il y a : contre-point de première espèce, *note pour note;* contre-point de deuxième espèce, *deux notes pour une;* contre-point de troisième espèce, *quatre notes pour une;* mais il n'y a aucune espèce pour le contre-point dans lequel on emploie *trois notes pour une* ou *six notes pour une*, etc., et pourquoi? parce que ceux qui ont fait ces espèces de contre-points, ne connaissant pas les tiers en musique, ne pouvaient faire des *trois pour une* ou des *six pour une*, etc. Et les modernes, qui ont copié les traités anciens, ne se sont pas avisés de combler cette lacune : ils ont copié textuellement; par vénération sans doute pour les anciens!...

chacune des quatre idées que vous savez rendre, entier, moitié, quart et huitième, il me semble qu'il faut en créer un pareil nombre pour chacune des nouvelles idées de tiers, 6ᵉ, 9ᵉ, etc., pour que votre système conserve toujours le cachet de l'unité, la marque d'un tout complet.

Eh bien ! savez-vous ce que l'on a fait ? — Au lieu de suivre le conseil si simple et si naturel de ce collégien, on a représenté le *tiers par le signe des moitiés*, le 6ᵉ et le 9ᵉ *par le signe des quarts*, le 12ᵉ, le 18ᵉ et le 27ᵉ, par le signe des huitièmes, et l'on est arrivé à cette adorable conséquence, *que les tiers dérivent des moitiés ; que les sixièmes et les neuvièmes dérivent des quarts; que les douzièmes, les dix-huitièmes et les vingt-septièmes dérivent des huitièmes!...* Bravo, les solféges ! l'Académie des sciences n'avait pas découvert celui-là ! Aussi a-t-elle fait preuve d'un bon caractère et d'une absence complète de jalousie, en apposant sa haute approbation sur le livre qui constatait cette immense découverte. Et avec l'Institut sont arrivés le Conseil royal de l'instruction publique, le Comité de direction des études de la ville de Paris, etc.

Nous dirons maintenant à ceux qui patronent les solféges, la méthode Wilhem, etc. : Soutenez donc encore que votre écriture musicale ne mérite pas le pilori, quand elle vous a conduits vous-mêmes, *à votre insu*, à de pareilles monstruosités, qui donnent aujourd'hui si beau jeu à vos adversaires ? Oh ! croyez-moi, répudiez-la au plus vite, ou elle vous portera malheur ! craignez qu'elle ne soit pour vous la tunique de Nessus.

5ᵉ CAUSE. — *Absence d'une théorie complète des accords, et, par suite, incohérence des règles.*

Ce que j'ai dit jusqu'ici s'applique surtout à la musique élémentaire et à la pratique, et c'est sous ce double point de vue que l'harmonie se trouve compromise, comme se servant de mauvais signes, et manquant d'une théorie générale pour s'appuyer.

Mais voici maintenant qui s'attaque directement à l'harmonie et à tout l'attirail des contre-points, fugues, imitations, etc. Tout cela, en effet, a pour base immédiate la théorie des accords. Or, si cette base est fausse, incomplète ou défectueuse, par quelque point que ce soit, tout l'édifice harmonique doit crouler avec sa base.

Comme je ne puis prendre en particulier toutes les théories que l'on a

— 52 —

faites sur les accords, parce que cela nous mènerait trop loin (1), je vais prendre l'ouvrage qui est généralement regardé comme résumant les connaissances acquises sur la théorie, et montrer combien cette théorie est encore dans l'enfance. Je vais donc indiquer la théorie de REICHA (2), et montrer tout ce qu'elle a d'incomplet et de faux.

Pour faire une théorie rationnelle des accords, que fallait-il faire? — La réponse est simple : Il fallait définir nettement ce que l'on doit entendre par le mot *accord*, et, cette définition établie, chercher simplement dans les deux modes diatoniques tout ce qui répond à la définition. Une fois tous les accords trouvés, les *nommer*, les *classer*, les *distinguer les uns des autres*, étudier *leur double caractère modal et tonal*, apprécier *leur degré de douceur et de dureté*, etc. ; en un mot, les trouver tous, les connaître tous, savoir les utiliser tous. — Nous allons voir que l'on est loin d'avoir suivi cette marche si naturelle.

Reicha définit les accords de la manière suivante : « *Les accords se « composent de plusieurs intervalles*. Les accords qui ne contiennent au-« cun intervalle dissonnant sont consonnants ; ils cessent d'être conson-« nants dès qu'un intervalle dissonnant s'y trouve. »

La définition réelle de Reicha ne comprend que la première ligne ; la voici donc tout entière : « *Les accords se composent de plusieurs intervalles.* » Voilà qui est clair, net et précis ; PLUSIEURS INTERVALLES ! *combien? lesquels?* — Allez donc à la recherche des accords avec un pareil signalement. — Plusieurs intervalles ! rien n'est plus facile à trouver. — J'aimerais autant qu'un naturaliste me dît : Les chevaux se composent *de plusieurs organes*. Les gris sont bons, mais les noirs sont mauvais. Voilà une immense quantité d'espèces d'animaux, allez y reconnaître les chevaux, je vous ai donné leur signalement : *plusieurs organes !* entendez-vous ? — Est-

---

(1) Plus tard, nous ferons paraître cette critique raisonnée et complète de tous les traités d'harmonie. Ici, nous prenons seulement un petit chapitre de cet ouvrage, qui édifiera le public sur la science musicale.

(2) Il est bien entendu que tout ce que je vais dire ici ne s'applique qu'au caractère scientifique de Reicha. Personne, plus que moi, ne rend justice au compositeur habile, à l'auteur distingué, au caractère public et privé de Reicha. Mais, comme représentant scientifique d'une école, je dirai même d'une époque, il est passible de toute critique, pourvu qu'elle soit exercée avec politesse et loyauté. Ceci soit dit une fois pour toutes : je n'attaque jamais l'homme, ni le compositeur ; j'attaque les idées scientifiques émises et propagées par le professeur et l'écrivain.

il étonnant qu'arrivant avec de pareilles données, le pauvre apprenti zoologiste laisse échapper la plupart des chevaux, qu'il ne peut reconnaître, et qu'il arrête bon nombre d'ânes ou de toute autre espèce d'animaux, qu'il prend pour des chevaux? Et encore, s'il arrête quelques chevaux, c'est qu'il a reconnu du poil gris et du poil noir, et qu'il se trouvait quelques chevaux de cette couleur. Mais, en revanche, il a pris tel âne, parce qu'il avait le poil gris; tel taureau, parce qu'il avait le poil noir; enfin, il a laissé passer tous les chevaux qui avaient le poil blanc, le poil roux, etc. En un mot, il a agi sans aucun discernement, faute d'avoir un signalement exact du cheval.

Eh bien! c'est ce que l'on a fait avec la définition de Reicha et toutes celles qui lui ressemblent dans les livres d'harmonie. Au lieu de trouver les soixante-quatre accords différents que l'on rencontre dans les deux modes diatoniques (voir, plus loin, *Théorie des accords*), Reicha en a trouvé dix, qui sont véritablement des accords, et en a négligé cinquante-quatre. Mais, en revanche, son signalement était si bon, qu'il a pris pour trois accords diatoniques, trois petits monstres sortis de la gamme chromatique : il a fait comme le zoologiste, qui, croyant prendre encore trois chevaux, a pris un bœuf, un chameau et un âne. — Et voilà, cependant, ce qui va servir de base à l'harmonie!

Comment se fait-il qu'ayant su trouver tous les intervalles mélodiques des deux modes, majeur et mineur; qu'ayant trouvé les *sept secondes*, les *sept tierces*, les *sept quartes*, etc., les harmonistes n'aient pas su trouver les *sept accords de chaque classe: sept accords de tierce, sept accords de quinte, sept accords de septième*, etc., jusqu'aux accords de quinzième compris? Cela vient tout simplement de ce que *l'intervalle étant bien défini, on l'a reconnu partout;* tandis que l'accord, *étant défini au rebours de toute logique, n'a été reconnu presque nulle part, et a laissé entrer dans ses rangs des intrus qui ne sont pas des accords.* La définition, pour les sciences, est comme la graine pour le cultivateur; quand la définition est bonne, elle vous conduit sûrement au but, quand vous savez vous en servir; si elle est mauvaise, elle vous jette dans des impasses continuelles. Si la graine est bonne et semée en bonne terre, elle produit un arbre magnifique, fort et vigoureux; si elle est mauvaise, piquée aux vers, ou jetée en mauvaise terre, elle donne un arbre cagneux, rabougri, sans force; ou bien même, elle ne donne rien du tout.

Puisque de si petites différences entre deux pépins en amènent de si grandes entre les arbres, il n'est pas difficile de comprendre que d'une simple différence entre deux définitions résultent des livres si différents : une définition complète peut conduire au but; une définition incomplète ne conduit nulle part.

Maintenant, voici les accords admis par Reicha

Accords de tierce :	aucun.	Il y en a *deux* espèces.
Accords de quinte :	quatre.	Il y en a *quatre* espèces.
Accords de 7ᵉ :	quatre.	Il y en a *sept* espèces.
Accords de 9ᵉ :	deux.	Il y en a *dix* espèces.
Accords de 11ᵉ :	aucun.	Il y en a *douze* espèces.
Accords de 13ᵉ :	aucun.	Il y en a *quatorze* espèces.
Accords de 15ᵉ :	aucun.	Il y en a *quatorze* espèces.
Accords qui ne sont dans aucune gamme diatonique :	Reicha en admet *trois*.	(Voir dans le corps de l'ouvrage la théorie des accords).

Ajoutons de suite, pour être complets, que, comme la pratique fournit à chaque instant des tronçons de 9ᵉ, de 11ᵉ, de 13ᵉ et de 15ᵉ, Reicha est bien forcé de les admettre, soit comme renversement des treize accords qu'il admet, soit comme accords contenant des notes *non réelles*, qui n'appartiennent pas à l'accord. Tout à l'heure, je reviendrai sur ces paroles extraordinaires : *notes non réelles*.

Comme les faits sont en opposition perpétuelle avec cette pauvre théorie des dix accords diatoniques et des trois accords chromatiques, il a bien fallu trouver le moyen de mettre la théorie d'accord avec la pratique des grands compositeurs; et c'est pour arriver à ce résultat difficile, disons impossible, qu'il a fallu donner des crocs-en-jambe continuels à la logique, et arriver à la quatrième cause d'insuccès, cause que j'ai désignée de la manière suivante : *habitude d'une logique défectueuse*. Je vais donc joindre l'étude de cette quatrième cause à celle de la troisième : j'ai besoin de les étudier ensemble.

4ᵉ Cause. — *Habitude d'une logique défectueuse*

Un homme peut oublier de faire un raisonnement qui démontrerait la vérité de ce qu'il affirme, et cependant, malgré cette omission, être un très-bon logicien : il a eu un moment d'oubli. Mais si un homme fait un raisonnement évidemment absurde; s'il fait beaucoup de raisonnements absurdes; on peut en conclure hardiment qu'il a le jugement faux. — Et si les livres classiques d'une science acceptent ces raisonnements; s'ils répètent à l'envi des raisonnements de la même force ; on en peut conclure hardiment encore que cette science a l'habitude d'une logique défectueuse, et qu'il est prudent de s'en défier, puisqu'elle ignore l'art de faire découler les conséquences de leurs prémisses. Ce principe établi, voyons comment Reicha analyse et raisonne.

Nous avons déjà sa définition : c'est un bon échantillon, et on a vu les conséquences qui en sont résultées : elle lui a fait manquer cinquante-quatre accords sur soixante-quatre. Prenons maintenant quelques-unes des explications données par Reicha sur ses accords, et quelques exemples des raisonnements employés par lui. (Tout ceci est pris dans son Traité d'harmonie).

A. Page 48, Reicha établit la règle suivante : « Quand on retranche
« une note d'un accord, il faut avoir soin que ce ne soit pas celle qui sert à
« le faire reconnaître, et dont l'absence pourrait faire confondre cet accord
« avec un autre. »

Page 47, il avait dit : « Dans les accords parfaits (*ut-mi-sol*, 135, et *la-ut-mi*, 613), on peut supprimer la quinte ; mais rarement la note fondamentale ou la tierce. »

Or, dans un accord de quinte, c'est la basse et la quinte qui caractérisent l'accord. — Comment, dès-lors, concilier ces deux règles ?.. Aussi, priez deux personnes élevées dans ces principes de vous dire d'où vient l'accord *ut-mi* ? l'une pourra vous dire : *ut-mi*, vient de *ut-mi-sol*, dont on a supprimé la quinte, *sol*; l'autre pourra vous répondre : Pas du tout; *ut-mi*, provient de l'accord *la-ut-mi*, dont on a supprimé la basse, *la*. — Qui a tort? qui a raison ? — Les deux répondants ont raison : c'est Reicha qui est en contradiction flagrante avec lui-même. Commencez-vous à entrevoir l'*incohérence* si amèrement signalée par Weber?

B. Page 33, on lit la phrase suivante : « Il faut bien se garder de confondre l'accord diminué *si-ré-fa*(1), avec l'accord *sol-si-ré-fa*, dont on aurait retranché le *sol*. »

« Lorsque l'accord *si-ré-fa* provient de *sol-si-ré-fa*, on se trouve in-
« failliblement en *ut* et non pas en *la* mineur ; dans ce cas, on peut toujours
« ajouter *sol* ; ce qui serait impraticable lorsque les notes *si-ré-fa*, forment
« un accord diminué. » Il résulte de ces paroles, que, toutes les fois que l'on

---

(1) Appellation fausse; cet accord n'est pas plus diminué que les accords *ut-mi-sol* et *la-ut-mi*, ne sont augmentés.

peut ajouter le *sol,si-ré-fa* (7̄24) provient de *sol-si-ré-fa* (5̄724); et que l'accord neutre *si-ré-fa* (7̄24) ne peut jamais se trouver dans le mode majeur. Eh! bien, à la page 52, il vient de dire que *si-ré-fa* (7̄24) s'emploie sur le septième degré du mode majeur. Ainsi, page 52, cet accord peut être pris en majeur; page 33, il n'est plus qu'un débris de *sol-si-ré-fa* (5̄724); tâchez donc d'être d'accord avec vous-même, si vous voulez que l'on vous comprenne.

Pourquoi ne pas avoir dit : cet accord est neutre; il s'emploie donc indifféremment dans les deux modes. Tout le monde eût compris ce langage; et tous ceux qui savent la théorie des gammes auraient très-bien su, sans que vous le leur disiez, que, quand l'accord neutre est employé en majeur, on peut le remplacer par *sol-si-ré-fa* (5̄724), cachet du mode majeur d'*ut;* tandis que, quand il est employé en *la* mineur, on ne peut le remplacer par l'accord *sol-si-ré-fa* (5̄724) qui exclut net le mineur de *la*. — Mais passons.

C. Page 9, à propos de l'accord de quinte augmentée *sol-si-ré dièse*, (57̄2), Reicha dit : « La nature permet, sous de certaines conditions, (voici ces conditions, exprimées à la page 44 : « L'accord de quinte augmentée « s'emploie sur la tonique ou la dominante d'un *ton majeur bien déter-* « *miné*), de hausser la quinte parfaite d'un demi-ton dans un accord parfait « majeur, ce qui donne l'accord *sol-si-ré dièse* (57̄2). Plus loin, page 44, « il dit encore : « L'accord de quinte augmentée *sol-si-ré dièse* (57̄2), n'est « autre chose que l'accord parfait majeur que l'on rend dissonnant en « haussant la quinte d'un demi ton. » Enfin, à l'occasion des accords de la gamme mineure, il ne parle pas de l'accord de quinte augmentée.

Ainsi, voilà qui est bien établi : l'accord de quinte augmentée, *l'un des deux caractères distinctifs du mode mineur*, et qui ne peut exister que sur la médiante d'une gamme diatonique mineure, est un *accord parfait majeur*, un accord parfait dont on a *élevé la quinte* d'un DEMI-TON !... la *nature l'a permis* !... les théoriciens en ont reçu la *permission écrite* qu'ils conservent dans leurs archives !... Eh ! bien, qu'ils la montrent aux mathématiciens, qui jusqu'ici avaient été assez simples pour regarder un son donné comme étant le résultat d'un *nombre fixe, invariable, de vibrations*, pas une de plus, pas une de moins; et qui, lorsque ce nombre de vibrations vient à augmenter, croyaient bonnement que le son nouveau qu'ils percevaient, et qu'ils sentaient bien être différent du premier, était en effet un son nouveau. Pauvres simples qu'ils étaient !... ils n'avaient pas vu cette fameuse permission donnée par la nature aux théoriciens ; permission qui les autorise à regarder le *ré dièse* sensible du *ton demi* comme n'étant autre que le *ré*, dominante *du ton de sol*; la nature l'a permis !... D'ailleurs, un DEMI-TON, c'est si peu ! pourquoi nous chicaner ! (1)

Et qui a pu vous conduire à cette assertion si extraordinaire, *qu'il faut un ton majeur bien déterminé pour pouvoir employer cet accord?* » Le voici : cet accord étant exclusif au mineur, déterminerait une modulation immédiate, si vous le faisiez entendre sous l'impression d'une tonalité douteuse... Si donc vous voulez rester absolument en majeur, et cependant vous passer la fantaisie du demi-ton, vous êtes bien contraints de prendre vos précautions et d'établir vigoureusement la tonalité majeure. Alors, cet accord de quinte passe comme modulation tout-à-fait éphémère, sans laisser de traces : vous voyez que rien n'est plus simple que l'explication de ce fait. Mais, si vous voulez employer cet accord en mineur, mode auquel il appartient exclusivement, vous n'avez besoin d'aucune précaution. Les bons auteurs contiennent beaucoup d'exemples de cet accord employé dans son mode. Du reste, à l'article de cet accord, vous verrez pourquoi l'usage doit en être rare en mineur, quoiqu'étant exclusif à ce mode... Vous verrez que là, comme ailleurs, il n'y avait pas de permission à donner. La nature a des lois, avec ou sans exception : elle ne donne pas de permissions.

D. Page 42, on lit ce qui suit : « L'accord *sol-si-ré-fa-la* (57246),
« 9ᵉ de dominante, se place sur la dominante d'un ton majeur bien déter-
« miné ; *mais il s'emploie presque toujours sans sa note fondamentale.*
« *Ce qui reste ressemble à un accord de* 7ᵉ *de troisième espèce, si-ré-fa-la,*
« (7246), *avec lequel il faut bien se garder de le confondre.* L'observation
« suivante fera éviter toute méprise :

« Lorsqu'on emploie *si-ré-fa-la* en ma- « jeur comme 9ᵉ, la 9ᵉ, le *la*, peut sans incon- « vénient être remplacé par le *sol*, et chan- « ger l'accord en 7ᵉ de dominante. »	« Lorsqu'on emploie *si-ré-fa-la*, en la « mineur comme 7ᵉ de 3ᵉ espèce, le *la* ne « peut être changé en sol sans que l'enchaî- « nement de l'harmonie s'en ressente. »

---

(1) Les mathématiciens n'ont pu encore avoir de ces *permissions* qui *permettent d'augmenter* un nombre d'une demie ou même d'un quart. Quel malheur ! il serait si commode, dans certains problèmes, quand on n'a pas juste ce que l'on désire, de dire : six fois sept font quarante-deux ; mais la nature permet, dans certains cas, d'augmenter un produit d'un demiton. Ici donc nous dirons, six fois sept font quarante-deux et demi ; et ce sera bien commode pour ceux qui calculent faux : ils donneront leurs fautes comme résultat de la permission.

Il résulte de là que *si-ré-fa-la* ne peut être employé en majeur comme accord de 7ᵉ; mais il peut l'être comme tronçon d'accord de 9ᵉ! — Comment! ces quatre sons conviendront parfaitement en majeur, s'ils proviennent d'une certaine source; et ces quatre mêmes sons n'y conviendront plus s'ils émanent d'une autre source!... Où voulez-vous donc conduire l'intelligence de vos élèves, avec une pareille logique? — Il y avait là encore une chose si simple à dire : *si-ré-fa-la* est un accord commun aux deux modes d'*ut majeur* et de *la mineur*; donc il peut s'employer dans tous les deux. S'il est employé en mineur, on ne peut enlever le *la* pour le remplacer par le *sol*, qui détruit le ton de *la* mineur ; si, au contraire, il est employé en majeur, vous pouvez remplacer le *la* par le *sol*, c'est-à-dire remplacer l'accord *si-ré-fa-la* par l'accord *sol-si-ré-fa*, le plus caractéristique des accords de la gamme d'*ut* majeur, après celui de quinte de tonique.

Mais, voulez-vous le plus curieux? C'est qu'après avoir dit, page 42, que *si-ré-fa-la*, comme accord de 7ᵉ, ne pouvait appartenir qu'au mode mineur, il dit, page 157 : « L'accord *si, ré, fa, la* joue un double rôle
« dans la gamme majeure; il est septième de 5ᵉ espèce, *si, ré, fa, la*, et
« 9ᵉ majeur provenant de *sol-si-ré-fa-la*. » Incohérence! incohérence!

E. Finissons enfin ces citations, déjà trop longues, par un exemple d'analyse et de raisonnement qui à lui seul suffit pour démontrer ce que j'avais énoncé. — Le onzième accord de la classification de Reicha est l'accord chromatique *ré bémol-si-fa-la bémol* (2746). Reicha donne à cet accord pour basse fondamentale le *sol*, qu'il ne contient pas ; et voici comment il prouve cette assertion extraordinaire. Je cite maintenant la page 10.

« Le *sol* est la note principale de tous les accords énoncés dans la clas-
« sification précédente. Cela est clair pour les dix premiers accords ainsi
« que pour le 15ᵉ, dans lesquels la note fondamentale se trouve au-des-
« sous; mais cela ne l'est pas également pour les deux autres (2467 et
« 2457).

« Dans le 11ᵉ accord, la note principale *est supprimée*, et l'accord se
« trouve *par conséquent* renversé (1).

« Pour se convaincre que c'est encore le *sol* qui est la note principale de
« l'accord n° 11, il faut observer qu'il dérive du 10ᵉ accord *sol-si-re-fa-*

---

(1) Supprimer, n'est pas renverser ; votre *par conséquent* est donc parfaitement faux; mais il passe dans la foule.

« *la bémol* (57246), dont on supprime le *sol*, et dont on place *ré* à la
« basse, *en le baissant d'un demi-ton* (1).
  « Voici l'opération qui le prouve :

10ᵉ ACCORD.	LE MÊME SANS LE SOL.	LE MÊME AVEC LE RÉ A LA BASSE.	LE MÊME AVEC L'ALTÉRATION; ET DEVENU LE 11ᵉ ACCORD.
6 LA BÉMOL.	6 LA BÉMOL.	6 LA BÉMOL.	6 LA BÉMOL.
4 FA.	4 FA.	4 FA.	4 FA.
2 RÉ.	2 RÉ.	7 SI.	7 SI.
7 SI.	7 SI.	2 RÉ.	2 RÉ BÉMOL.
5 SOL.			

  « L'ANALYSE CI-DESSUS DÉMONTRE que le *sol* est la note principale de
« l'accord n° 11. » Nous recommandons cet exemple d'analyse à l'Académie
des sciences ; je ne doute pas qu'elle n'en soit satisfaite.

  Appliquons le raisonnement de Reicha à une analyse étymologique,
pour voir où il nous conduira. J'emprunte donc le raisonnement et la manière de faire de Reicha.

  Le nom du prophète *Élie* dérive du mot *pluie*; voici l'opération qui le
prouve :

Premier aspect du mot PLUIE.	Le même sans le P.	Le même avec l'U au commencement.	Le même avec l'altération.
PLUIE.	LUIE.	ULIE.	ÉLIE.

  L'ANALYSE CI-DESSUS DÉMONTRE que le P est la première lettre du mot
Élie. — Qu'auriez-vous à répondre à ce *raisonnement?* — Mais revenons
à l'analyse de Reicha.

  Ainsi, Reicha transforme l'accord de 9ᵉ de dominante de *ut* mineur,
57246, en accord de 7ᵉ de sensible de la même gamme ; *et c'est pour lui
toujours le même accord.* 57246 est le même accord que 7246.

  Il transforme ensuite l'accord de 7ᵉ de sensible 7246 en tronçon d'accord de 13ᵉ de sous-médiante 2746 ; *mais c'est toujours l'accord* 57246.

  Enfin, et c'est le plus beau, usant encore une fois de la fameuse permission *que la nature n'a pas donnée*, il baisse le *ré* d'un demi ton, c'est-à-
dire qu'il remplace le tronçon de 13ᵉ de sous-médiante d'*ut* mineur, 2746,

---

(1) Toujours en vertu de la permission sans doute ; quand on prend du galon, on n'en
saurait trop prendre.

par un tronçon d'accord monstre 2746, qui n'existe dans aucune gamme diatonique, et qui ne peut se rencontrer que dans la gamme chromatique par bémols. — Mais Reicha n'en démord pas, l'ANALYSE CI-DESSUS DÉMONTRE que ce petit monstre est toujours l'accord primitif 57246 ! — Les bras vous tombent à de pareils raisonnements. Et cependant tous les ouvrages classiques approuvés par l'Institut et par le Conseil royal de l'instruction publique pour l'enseignement de la musique en France (enseignement élémentaire ou haut enseignement) sont frappés au coin de la même logique.

Et voilà les ouvrages *scientifiques* dont regorgent les conservatoires ! voilà les misérables galimatias avec lesquels on forme le jugement des malheureux condamnés à apprendre l'harmonie ! et encore ceci n'est que le commencement. Que sera-ce, lorsque le pauvre élève arrivera à ces autres fatras appelés contre-points, simples, doubles, triples; imitations de toutes les espèces, etc.? On ne comprend pas qu'un homme qui a fait cela *assidument*, comme le dit Reicha, pendant huit ans, n'ait pas complétement perdu la faculté de lier deux idées, loin de commencer à comprendre ce qu'il fait.

— J'ai tout à l'heure parlé de notes *non réelles*. Arrêtons-nous un instant sur cette bizarre idée. Voici ce qu'on lit à cet effet dans le Traité d'harmonie de Reicha, page 70 :

« Il existe dans l'harmonie deux sortes de notes.

« 1° Celles qui déterminent la nature d'un accord, le distinguent des « autres ; nous les appellerons *notes réelles*, *notes essentielles*, ou *notes « intégrantes;*

« 2° Celles qui ne comptent pas dans l'accord, qui lui sont tout à fait « étrangères, et qui ne s'emploient que conditionnellement. Nous les appel-« lerons *notes accidentelles* ou *conditionnelles*. »

Ainsi, voici encore une découverte de la musique moderne ; et ce n'est pas la moins curieuse. Vous entendez sonner simultanément les quatre notes d'un accord écrit devant vos yeux; ignorant que vous êtes ! vous croyez que la sensation quadruple que vous éprouvez est le résultat de l'arrivée sur votre nerf auditif des quatre séries de vibrations provoquées par les quatre voix qui chantent. Erreur ! Dans ces quatre notes que vous entendez simultanément (ou que sans doute vous croyez entendre) il n'y en a que trois de *réelles*, que *deux*, qu'*une* peut-être ! et toutes les autres ne sont que des notes accidentelles, qui ne comptent pas dans l'accord, où elles ne jouent que le rôle de *notes de passage*, de *petites notes*, de *syncopes*, de *suspensions*, de *pédales* ou d'*anticipations;* et qui, sans doute, en leur qualité de *notes non réelles*, ne doivent entrer pour rien dans la sensation que vous éprouvez. — Comment, la sensation produite par l'accord résulte de la quote part apportée par chaque son, et les harmonistes vont imaginer que dans ces quatre sons que j'ai entendus simultanément il n'y en a que deux qui comptent, que deux de réels; les autres ne sont qu'accidentels, et cependant ils vibrent tous pendant le même temps. — Non, jamais l'esprit humain n'a imaginé plus lourde extravagance.

Dites un peu, que répondriez-vous à votre cuisinier s'il vous disait : Voici une sauce dans laquelle j'ai introduit quatre aromates : du poivre, de la cannelle, du girofle et de la muscade; mais, d'après MA théorie des saveurs, il y a là-dedans des saveurs *réelles, essentielles, intégrantes*, et des saveurs non *réelles, accidentelles, conditionnelles*. Ainsi, le poivre et la muscade, qui dans cet accord sont des saveurs réelles, vous pouvez les savourer à plaisir; quant au girofle et à la cannelle, qui ne sont ici que des saveurs de passage, des petites saveurs, des saveurs syncopées, des suspensions, des prolongations, etc., vous n'y prendrez pas garde. — Eh! bien, répondez donc; que diriez-vous à votre chef de cuisine?... Je ne vois qu'une réponse : Faites-moi de bonnes sauces qui flattent mon palais; mettez-y des saveurs réelles ou des saveurs non réelles, cela m'est égal; que vos saveurs soient en bonne harmonie entre elles, et je me charge de les déguster toutes, et de trouver parfaitement réelles toutes celles qui affecteront mes nerfs. Quant aux autres, à celles que je ne sentirai pas, je ne dirai pas qu'elles sont accidentelles, passagères; je dirai simplement qu'elles sont nulles.

Et qu'on ne croie pas que j'exagère quand je dis qu'il y a deux notes non réelles sur les trois que contient un accord. Ouvrez Reicha, à la page 72, vous y trouverez le passage suivant :

1 3-2 1	-7 -6 5 -4	3 3 3 3	3 3 3 3	3 3 3 3	NOTA. Reicha a pris la précaution de marquer lui-même toutes les notes qu'il regarde comme accidentelle. Nous les marquons toutes par un trait d'union (-) qui précède les notes non réelles.
3 1 -7 -6	5 -4 3 -2	1 1 1 1	1 1 1 1	1 1 1 1	
1 1 1 1	1 1 1 1	1 -7 6 5	-4 3 -2 1	1 1 1 1	
1 1 1 1	1 1 1 1	0 0 0 0	0 0 0 0	0 0 0 0	

D'après la théorie de Reicha, tous ces accords sont des accords de quinte de tonique, ayant une ou deux notes de passage, ainsi :

Le 3ᵉ accord 172 est un accord de quinte de tonique, dans lequel *si* et *ré* ne comptent pas : *ut* seul est note réelle;

Le 4ᵉ accord 161, est un accord de quinte de tonique dans lequel le *la* ne compte pas.

Le 5ᵉ accord 157, est un accord de quinte de tonique dans lequel le *si* ne compte pas.

Le 6ᵉ accord 146, est encore un accord de quinte de tonique d'*ut* majeur, avec le *fa* et le *la*, qui ne comptent pas; l'*ut* seul compte.

Et le 12ᵉ, 615! encore un accord de quinte de tonique d'*ut* majeur!...

C'est à n'y pas croire, même en le relisant vingt fois; j'avoue que je ne sais plus comment appeler de pareilles choses... Commencez-vous à comprendre la lettre de Weber, et les paroles de Reicha sur les huit années de ténèbres. Oh! il n'a été que trop modeste; il pouvait dire : ténèbres éternelles pour le malheureux qui s'aventurera dans nos traités d'harmonie, de contre-point, fugue, etc.

Et maintenant, comme on ne pouvait s'arrêter en si beau chemin, voulez-vous la contre-partie des notes réelles, *de ces notes qui sonnent et que l'on ne doit pas compter?* — vous devinez que nous allons la trouver *dans les notes qui ne sonnent pas, et dont on doit cependant tenir compte.* — Or, cette seconde espèce de notes extraordinaires, ces notes qui n'existent pas et dont on doit cependant tenir bon compte, se trouvent dans *les fameuses quintes et octaves cachées* qui ont fait si longtemps le désespoir de l'un de mes amis, ancien élève de l'École Polytechnique, homme très-intelligent d'ailleurs, mais dont le cerveau, rebelle à la logique des harmonistes, ne pouvait venir à bout de comprendre qu'il dût redouter un son qui n'était pas chanté, et qui par conséquent n'existait pas. Ces quintes *cachées* et ces octaves *cachées* sont encore un de ces grands mots sous lesquels les harmonistes *cachent* si complaisamment leur absence complète de théorie.

Or, voici ce que c'est qu'une quinte cachée. Supposons, pour un instant, que nous rencontrions le tronçon d'accord de quinte *sol-ré* précédé de l'accord *ut-mi*, de la manière suivante :

$$\text{Duo} : \begin{cases} \text{MI} & \text{RÉ} \\ \text{UT} & \text{SOL} \end{cases} \Big\| \ \textit{Traduction en chiffres} \ \begin{cases} 3 & 2 \\ 1 & 5 \end{cases} \Big\|$$

Demandez à toute personne qui sait ce que c'est qu'une quinte, combien les deux notes basses, 1,5, font de quintes avec les deux notes hautes 3,2; elle vous répondra : une. En effet, on ne trouve que la quinte 52, précédée de la tierce 13. Cependant, si vous étiez quelque peu fort en harmonie, c'est-à-dire si vos yeux étaient habitués aux ténèbres, depuis quatre ans seulement, vous auriez découvert une perfide quinte qui s'est cachée entre 13 et 52, et qui va vous mettre en faute contre les règles, si vous n'y prenez garde.

Vous regardez encore; et vous répondez comme mon ami de l'École Polytechnique : je ne vois pas. — Il faut alors que je vienne à votre secours, et que je vous montre cette fameuse quinte, si bien cachée pour vous et pour tant d'autres. Or, écoutez bien ceci : Il est bien vrai que dans l'exemple que je vous ai donné il n'y a qu'une tierce 15 et une quinte 52; mais si, en chantant, vous aviez la fantaisie d'aller par mouvement conjoint de l'*ut* de la basse au *sol* en chantant 1765; et si vous aviez en outre la précaution de faire passer 176 sous le *mi* seulement, et de faire durer le *sol* autant que le *ré*; au lieu d'avoir comme tout-à-l'heure deux accords seulement, vous en auriez quatre. Exemple :

$$\left\{ \begin{array}{cc} \text{MI} & \text{RÉ} \\ \text{UT SI LA} & \text{SOL} \end{array} \right\| \quad \textit{Traduction en chiffres} \quad \left\{ \begin{array}{cc} 3 & 2 \\ \overline{176} & 5 \end{array} \right\|$$

Ici, vous avez, en effet, quatre accords maintenant : 15, 75, 63 et 52. Eh! bien, 63, l'un des deux accords que vous venez d'introduire de votre autorité privée dans le duo que je vous avais donné, n'est-il pas une quinte? Sans doute, direz-vous, 63 est bien une quinte; mais cela prouve-t-il que quand je me bornais à chanter l'air tel que vous me l'aviez donné, 63 s'y trouvât? — Certainement oui, cela le prouve; demandez plutôt à tous les harmonistes : ils n'ont qu'une voix sur ce sujet.

Mais, direz-vous, où donc tous ces messieurs ont-ils appris à tirer des conséquences pareilles? — Eh! mais, dans les solféges et les traités d'harmonie, de contre-point, de fugue et de haute composition musicale. — D'ailleurs, il est reçu, chez beaucoup de hauts musiciens, que les mathématiques (la science de la vérité) sont antipathiques à la musique. Le raisonnement, disent-ils, tue le génie : confondant toujours le génie avec la science. Je crois que les mathématiciens pourraient, avec quelque ombre de raison, retourner l'assertion des harmonistes et leur dire : L'harmonie, *telle que vous la faites dans vos traités*, étant toujours à côté du bon sens, est incompatible avec les mathématiques; et les mathématiciens n'auraient pas grand peine à prouver qu'ils ont raison.

Mais revenons. La quinte *la-mi* n'étant pas écrite, et cependant cette quinte pouvant être placée avant la quinte *sol-ré*, s'il prenait fantaisie au chanteur de l'y mettre, est une *quinte* cachée, que vous devez redouter comme la peste, s'il y a une véritable quinte après elle. — Eh bien! avais-je tort de vous dire qu'après avoir été conduits par leur théorie à ne pas admettre des sons qu'ils entendent, les harmonistes en étaient arrivés à regarder comme très-réels des sons qui n'existent pas! Serez-vous maintenant un peu indulgent pour mon pauvre ami de l'École Polytechnique! Hélas! il n'était pas habitué à cette quintessence de la logique qui vous conduit tout droit à la négation de ce qui est et à l'acceptation de ce qui n'est pas. Les octaves cachées sont de la même force. Et voyez l'influence des mots : les harmonistes en sont arrivés à avoir plus peur des octaves et des quintes cachées que des octaves et des quintes réelles : semblables en cela aux enfants peureux qu'un mannequin effraie dans l'obscurité et qui jouent avec lui en plein jour.

Voulez-vous l'application du système des quintes et des octaves cachées à la langue française? En voici un échantillon; intitulons-le : *hiatus caché*.

Tous ceux qui ont donné des conseils sur l'art d'écrire ont proscrit le *hiatus*.

Supposons qu'un des nombreux individus qui ont échoué dans l'étude des contre-points ait écrit, par dépit, la phrase suivante :

L'harmonie sera toujours une science absurde.

Halte-là, dirait quelque professeur du *hiatus caché*; votre phrase contient un *hiatus caché*, et en voici la preuve : si quelqu'un, plus confiant que vous dans l'avenir de la science harmonique, avait la fantaisie d'ajouter le mot *ignorante* après le mot *harmonie*, votre phrase deviendrait :

L'harmonIE Ignorante sera toujours une science absurde ;

et laisserait voir à l'œil le plus myope le hiatus caché IE I.

Croyez-vous que le collége de France voulût conserver dans ses rangs un pareil professeur de haute littérature? Et cependant, ce professeur ne ferait qu'appliquer à la littérature la loi des quintes cachées?

Ah! vous ne vous laveriez jamais de pareils faits si vous n'aviez pour excuse une écriture qui vous a habitués à ne plus prendre garde aux idées qu'elle *cache* perpétuellement. Mais aujourd'hui, vous êtes mis en demeure de vous prononcer : abandonnez votre écriture, en la laissant responsable de toutes les fautes qu'elle vous a fait commettre; alors, on ne pourra plus vous reprocher que d'avoir été un peu lents à vous décider. Ou bien, persistez dans son emploi, et toutes les bévues dont vous êtes coupables, restent à votre charge; et soyez sûrs que la France vous en tiendra compte, beaucoup plus tôt que vous ne le croyez : c'est moi qui vous l'affirme.

Mais il est temps que j'arrête ce paragraphe pour ne pas abuser de la patience du lecteur. Il y avait cependant encore de jolies choses à dire sur le triton masqué ou démasqué, et sur une foule d'autres questions. Mais nous renvoyons à cet égard le lecteur à la critique générale des harmonistes, que nous ferons paraître sans tarder. Là, chacun aura sa place, il peut en être certain ; nous ne ferons défaut à personne.

5ᵉ Cause. *Confiance aveugle dans la parole du maître ; habituae de ne pas se servir de son intelligence.*

Le ma que absolu de base fixe, d'une direction invariable; le sentiment, toujours le sentiment : voilà ce que vous a dit Weber, et le lecteur doit commencer à voir que ce grand homme n'exagérait pas, et qu'il aurait pu dire beaucoup plus. Eh bien! de là dérivent encore deux faits déplorables. N'ayant pas une base mathématique, invariable, sur laquelle asseoir vos raisonnements, vous ne raisonnez pas, ou quand vous voulez le faire, c'est aux dépens du plus simple bon sens ; dès-lors la science n'existe pas ; ce n'est qu'un véritable verbiage ; un galimatias double qui, souvent, n'est compris ni de l'écrivain ni du lecteur.

N'ayant pas de science raisonnée que chacun puisse étudier à la manière des mathématiques, on n'a plus d'autre guide que la parole du *maître ;* je me trompe : des maîtres. C'est alors que l'on arrive à dire : Bach a fait ceci ; Haendel a fait cela ; Mozart n'écrivait pas ainsi ; et, si Dieu vous envoie une belle idée que ces maîtres n'aient pas eue, vous hésitez à l'exprimer, parce que vous ne pouvez pas prouver que l'on peut écrire ainsi ! Alors votre esprit est dans une perplexité perpétuelle, continuellement occupé à consulter le sentiment, et toujours le sentiment! et vous êtes ainsi arrivé à embrouiller et à confondre d'une manière inextricable deux choses entièrement distinctes : les lois mathématiques qui régissent les sons, comme tout ce qui ressort de la physique ; et l'art d'employer les sons pour exprimer la joie, la tristesse ; pour inspirer le courage, la terreur, etc. En un mot, vous avez amalgamé la haute poésie avec la grammaire ; et, quand un enfant vous demande si tel participe s'accorde avec son sujet, vous répondez : *le sentiment!* Quand il vous demande si tel mot s'écrit avec une lettre double ou une lettre simple? le sentiment... S'il vous demande si l'on doit dire des *conseils amicals* (1) ou des conseils amicaux? le sentiment et toujours le sentiment ! Que peut-on faire avec de pareils logiciens?

Eh ! messieurs, laissez donc le sentiment à sa place, et n'abusez pas perpétuellement de ces grands mots qui ne prouvent qu'une chose : votre défaut absolu de science et de logique.

« Ce que l'on conçoit bien s'énonce clairement ;
« Et les mots, pour le dire, arrivent aisément. »

Il y a longtemps que Boileau vous l'a dit. Tant que les sciences en sont à leur période de basse enfance, elles ne savent que bégayer un vocabulaire ampoulé, ridicule et vide de sens ; quand les idées leur sont venues, elles parlent un langage viril, clair et précis.

Demandez donc à un véritable anatomiste pourquoi le fémur est courbé comme il l'est ; pourquoi l'astragale a une forme si bizarre en apparence ; pourquoi il y a un cristallin dans l'œil, et pourquoi les ligaments ne sont sensibles qu'à la torsion? Vous verrez s'il vous répond : le sentiment.

Demandez à M. Arago pourquoi tous les faits mathématiques se calculent avec une si merveilleuse précision; et comment, en regardant le soleil avec un sextant, pendant que quelqu'un compte l'heure sur un chronomètre, un astronome vous dit, avec une précision admirable, sur quel point du globe il se trouve.

Reconnaissez donc, dans votre propre intérêt, que jusqu'ici l'harmonie n'est pas une science, et qu'il est temps enfin de faire en musique ce que l'on fait partout. Enseignez les lois mathématiques qui régissent la musique, et là le sentiment n'a rien à faire ni à dire : c'est le rôle du jugement ; puis, quand vous aurez enseigné la partie mathématique de la question, oh ! alors, vous ferez de la haute littérature musicale ; vous analyserez devant vos élèves les œuvres des grands maîtres ; vous éveillerez le sentiment, le goût, chez ceux qui en sont doués, et vous ne serez plus pataugeant perpétuellement dans le plus affreux bourbier que l'on puisse voir.

6ᵉ CAUSE. — *Absence de tout esprit progressif*

C'est ici encore que les harmonistes méritent de très-sévères reproches, dont il leur sera impossible de se laver, même en invoquant leur détes-

---

(1) Voir les deux lettres qui sont en tête du traité d'harmonie de M. MUSARD; lettres qui semblent écrites pour justifier une fois de plus cette sentence du *Bonhomme* :
« Rien n'est si dangereux qu'un ignorant ami;
« Mieux vaudrait un sage ennemi. »

table écriture; car l'écriture, cette fois, n'a rien à faire dans cette déplorable ténacité des harmonistes à conserver ces formes surannées, anté-diluviennes, comme les appelle M. Oscar Commettant, des contre-points de toutes les espèces, doubles ou simples; des imitations de toutes les formes, imitations qui finissent par ne plus rien imiter du tout; de ces fameuses fugues!...

Pourquoi tous nos professeurs de haute littérature ont-ils abandonné, ou à peu près, ces jeux d'esprit qui consistent à faire des acrostiches, des anagrammes, des bouts-rimés, des énigmes, des charades et même des sonnets? — Parce qu'ils ont bien senti que si l'esprit doit, autant que possible, s'occuper de tout ce qui touche à la question qu'il traite, il doit redouter au plus haut degré de se laisser absorber par les futilités de la science, parce qu'il ne lui reste plus ni temps ni force pour étudier les questions de haute importance.

Or, je le demande à toute personne de bon sens, qui a étudié les vingt espèces principales de contre-points simples; les douze espèces principales d'imitations; les contre-points doubles, triples, quadruples, à l'octave, à la 9e, à la 10e, à la 11e, à la 12e, à la 13e, à la 14e; et même la fugue du ton et la fugue réelle; enfin, toute cette formidable cohorte de mots barbares, représentants d'idées plus barbares encore: je demande, dis-je, à cette personne, si elle n'est pas encore effrayée du temps interminable qu'il lui a fallu consacrer à ces études; de la dépense d'esprit qu'il lui a fallu faire pour suivre ces alambiquages perpétuels de mots; et tout cela pour arriver où?... à un résultat complétement nul, si Dieu ne l'a doué d'un puissant génie musical!

Mais, m'a-t-on dit, ces génies puissants dont vous parlez, les Mozart, les Beethoven, ont fait des chefs-d'œuvre de contre-point et de fugue, et vous voulez, sinon proscrire ces formes, du moins les reléguer dans une place fort restreinte, au lieu de leur abandonner, comme aujourd'hui, le champ de bataille tout entier?

La réponse est fort simple: quand on a un génie de première trempe, on sait tirer parti de tout; on peut, avec un détestable thème sans rhythme (1) et sans mélodie, et sous une forme mauvaise, faire passer des

---

(1) Une personne digne de foi m'assurait, il y a quelques jours, que pour la composition de fugue au grand concours, le Conservatoire donnait le thème le plus ingrat qu'il pût trouver, *pour mieux faire briller la science des concurrents!* S'il en est ainsi, quel esprit de vertige souffle donc sur le Conservatoire royal!

accords d'une grande puissance, et charmer ainsi ceux qui les entendent. Et c'est ce qu'ont fait les grands hommes dont vous parlez ; mais il ne s'en suit pas le moins du monde que ce soit une mauvaise mélodie donnée en thème, ni une mauvaise forme imposée à l'harmonie qui aient donné tant de charme aux compositions de Mozart et de Beethoven : bien au contraire. Personne ne contestera cette proposition. Croyez-vous que Raphaël fût arrivé si haut dans l'opinion publique, s'il n'eût fait que des tableaux que l'on pût pendre la tête en bas. Citez donc un auteur resté populaire dans notre littérature et qui n'ait fait que des anagrammes, des acrostiches et des sonnets !

Remettez chaque chose à sa place, et accordez-lui l'importance qu'elle mérite ; dites :

1° Le contre-point simple (si vous voulez absolument conserver cette expression ridicule) sera l'art de faire marcher ensemble plusieurs mélodies. Enseignez alors à faire un duo, un trio et un quatuor, même un octuor si vous le voulez ; et montrez à vos élèves ce qu'ils ont à faire, selon qu'ils emploieront note pour note, ou plusieurs notes contre une.

2° L'imitation sera l'art de faire des accompagnements de manière que les parties se répondent, en répétant, plus ou moins exactement, la même idée mélodique, en manière d'écho... Laissez ensuite au génie le soin de tirer parti de l'imitation : ce n'est plus votre affaire.

3° Le contre-point double sera l'art de faire l'harmonie de telle façon que les voix de femme puissent chanter les parties d'homme et réciproquement ; afin qu'un morceau ainsi fait puisse toujours être chanté, que l'on ait ou non les voix indiquées par le compositeur. Faites-donc apprendre le contre-point à l'octave, le seul qui soit utile et ne soit pas absurde. Mais reléguez au musée des antiques les contre-points doubles, triples et quadruples, à la 9°, 10°, 11°, 12°, 13° et 14°. C'est vraiment un crime que de dépenser à de pareilles monstruosités le temps des malheureux jeunes gens confiés à vos soins.

4° Enfin, la fameuse fugue, elle-même, verra son rôle considérablement restreint. Prise comme amplification de rhétorique, elle peut avoir son utilité, en exerçant l'élève à écrire ; mais il est évident qu'il ne faut pas le renfermer perpétuellement dans quinze ou vingt notes pour développer son génie : une fois qu'il sera arrivé à tourner facilement une mélodie correcte et bien rhythmée, donnez-lui carte blanche dans le choix de ses mélodies et des formes qu'il voudra leur donner. Il sait maintenant sa grammaire et sa prosodie, il connait les règles de la composition, il a lu les bons auteurs : laissez-le, à son choix, se lancer vers l'ode, la tragédie, l'épopée ; ou, s'il le préfère, vers la poésie légère, vers la satire : en un mot, donnez au génie les moyens de se développer, faites-lui connaître, le mieux possible et le plus vite possible, les lois mathématiques qu'il ne doit jamais enfreindre ; faites-lui connaître toutes les formes admises par la majorité, et laissez à son génie le soin de faire le reste : il saura bien prendre les formes qui lui conviendront, et en créer de nouvelles s'il a vraiment le feu sacré.

7ᵉ Cause. — *Éloignement des mathématiciens par l'impossibilité où ils se sont trouvés de rien comprendre aux théories des harmonistes*

Il me semble que j'entends le lecteur me dire : *Assez* ; l'existence de la nouvelle cause que vous venez de signaler n'est que trop expliquée par ce qui précède ; et nous comprenons à merveille que des intelligences, habituées à pousser la rigueur de leurs démonstrations jusqu'aux dernières limites du possible, soient complétement dépaysées au milieu de raisonneurs qui parlent de *permissions de la nature, de notes que l'on entend et qui ne comptent pas, de notes que l'on n'entend pas et qui comptent*, et de tout l'attirail dont vous n'avez fait passer, dites-vous, qu'une faible partie, sous les yeux du lecteur.

Les mathématiciens ont bien senti le faux de la prétendue science harmonique ; mais, s'entendant toujours répéter que, n'étant pas musiciens, artistes, il leur échappait une foule de choses que *le sentiment seul fait connaître à Messieurs des Conservatoires*, ils ne se sont pas senti le courage d'apprendre une science mal faite, quand ils en ont tant d'autres où ils peuvent exercer librement leur intelligence supérieure.

Cependant, un mathématicien, voulant un jour apprendre seul la musique, échoue complétement. Pour la première fois de sa vie, il trouve son cerveau rebelle à l'intelligence des faits d'une science, et à celle des lois qui la régissent. Lui, qui a compris les mathématiques transcendantes, ne peut venir à bout de comprendre la théorie des durées... Il abandonne la partie, non sans dépit contre son impuissance constatée ; mais ce dépit même est le lien par lequel Dieu l'a attaché à sa découverte future... Continuellement poursuivi par l'idée de son premier échec intellectuel, il pensait toujours à cette *maudite musique* ; lorsqu'un soir, au coin de son feu, chantonnant un air populaire, il est frappé d'un trait de lumière. Il se remet à l'étude de la musique avec une nouvelle ferveur ; et, cette fois, le succès dépasse de beaucoup ses modestes espérances : il ne cherchait que le moyen d'apprendre la musique pour son propre compte, et il arrive à fonder la véritable théorie élémentaire de la musique : théorie qui a servi de base à celle que nous présentons aujourd'hui sur l'harmonie.

Cet homme était Pierre Galin, dont le nom n'est sans doute prononcé dans aucun Conservatoire, et qui n'a pas encore de statue, quoique mort depuis vingt-trois ans... L'avenir fera pour lui ce qu'il fait pour tous les inventeurs de haut titre : *il le déclarera bienfaiteur de l'humanité*. Mais cela fera-t-il qu'il ne soit mort à trente-six ans, abreuvé des dégoûts que lui suscita sa découverte ; et ne trouvant que l'indifférence, l'ingratitude et le vol, où il avait rêvé une couronne civique !

Aucun musicien n'ayant pris en main les travaux de Galin après sa mort, arrivée en 1822, force fut à d'autres de le faire. C'est ainsi que M. Aimé Paris, madame Émile Chevé et moi-même, nous nous sommes trouvés engagés dans la lice, pour conserver au monde les admirables travaux de Galin, et en tirer les fruits qu'ils contenaient en germe. Et voilà encore comment nous nous trouvons aujourd'hui en lutte ouverte contre la méthode de Wilhem, pour l'enseignement élémentaire, et contre tous les Conservatoires non-seulement pour cet enseignement élémentaire, mais encore pour le haut enseignement musical. La partie est bien inégale, sans doute ; mais on est bien fort quand on a la vérité et le bon sens de son côté, et qu'on a le bonheur d'avoir pour adversaires des solféges, des méthodes Wilhem et des Traités d'harmonie et de contre-point.

Enfin, nous finirons cet examen critique par une observation sur l'appui prêté aux divers systèmes d'enseignement musical par des hommes dévoués à la musique, et pleins de bonne volonté sans doute, ; mais qui n'ont jamais lu les diverses méthodes qu'ils soutiennent avec opiniâtreté, pas plus que celles qu'ils repoussent sans les vouloir connaître.

Ainsi, combien d'hommes honorables, et très-intelligents d'ailleurs, sont toujours prêts à rompre une lance contre la première personne venue pour *soutenir* que la méthode de B. *Wilhem* est excellente ; et qui n'ont jamais lu cette méthode, qu'ils sont, d'ailleurs, incompétents à juger. — Ils ont entendu 1,000 orphéonistes chanter parfaitement une douzaine de morceaux sus par cœur, et ils en ont conclu que la méthode de Wilhem produisait des merveilles !

Hélas! enlevez tout prestige! dépouillez les choses de tout ce qui est étranger à la question de lecture et d'écriture; ne prenez pas les 1000 meilleures voix que l'on ait pu trouver depuis vingt-cinq ans dans toutes les écoles de chant de Paris, sur une masse de 50 ou 60,000 élèves, peut-être plus, pour leur faire chanter en public dix morceaux appris par cœur. — Mais quand ces 1000 élèves sont réunis, portez-leur un quatuor nouveau, qu'aucun des chanteurs n'ait jamais lu, et faites-le chanter en chœur à première vue. Faites ensuite lire *la basse* par les ténors, et réciproquement. Si vos mille chanteurs peuvent répondre à ce programme, oh! alors vous pourrez dire que vos élèves savent lire, et que ce n'est pas un *concert*, mais une *leçon* (1) que l'on a faite devant le public, comme on a eu l'*assurance* de le dire à S. A. R. Madame la duchesse d'Orléans. — Voulez-vous un moyen de voir si vous avez vraiment des gens qui savent lire, ou si vous n'avez que de simples perroquets, récitant très-bien par cœur? Faites l'expérience suivante : Prenez individuellement tous ceux qui ont suivi la méthode de Wilhem depuis qu'elle est enseignée, et vous ne trouverez peut-être pas DEUX ÉLÈVES SUR CENT lisant *correctement* la musique, l'écrivant sous la dictée d'une voix qui vocalise ou d'un instrument qui joue, et capables de rendre compte de la théorie élémentaire de la musique, je ne dis pas en façon de catéchisme, mais à la manière de l'arithmétique, en reliant chaque effet à sa cause. — S'il en est ainsi, ce que l'autorité peut vérifier avec une très-grande facilité, que savent donc les élèves de la méthode Wilhem? Je le répète, à une très-faible exception près, ils récitent, *très-bien d'ailleurs*, des airs qu'ils savent par chœur; — mais, en général, ils ne savent pas lire.

Aussi la question de l'enseignement par la méthode Wilhem, prise sous le point de vue de la lecture et de l'écriture, n'est-elle qu'une *immense jonglerie*, dont se trouvent dupes eux-mêmes ceux qui la patronnent et qui l'*imposent* à toute la France; et que je viens, moi, le premier, dénoncer courageusement à mon pays, qui, j'en ai la confiance, ne tardera pas à m'en savoir gré; car aujourd'hui la population entière du royaume est soumise à cette malheureuse méthode, qui ne donne vraiment aucun résultat, et ne fait que dégoû-

---

(1) Appeler *leçons* les concerts donnés par les orphéonistes dans le cirque des Champs-Elysées, c'est abuser étrangement des mots. Que dira donc le *Journal d'éducation populaire* quand il verra lire d'emblée les quatuors, au lieu de les réciter, comme on l'a fait au Cirque?

ter de la musique ceux qui seraient attirés vers elle par une route moins épineuse (1).

Et qu'ici, déplaçant la question comme le font tous ceux qui ont une mauvaise cause à défendre, on ne vienne pas me dire que j'attaque la mémoire de Wilhem ! Je n'attaque pas plus Wilhem que je n'ai attaqué Reicha ; mais j'attaque ses doctrines, parce qu'elles sont éminemment erronées, et capables d'étouffer complétement le développement de l'art musical en France. J'attaque la méthode de Wilhem, comme un des plus mauvais travaux qui soient sortis d'une tête humaine : et il faut tout l'engouement français pour expliquer sa réputation universelle d'un moment. Du reste, ses plus chauds partisans commencent à douter de leur dieu ! ils n'osent admettre aucune comparaison sérieuse avec les autres méthodes : c'est ce que va prouver la petite correspondance suivante, que j'ai eue avec M. le préfet de la Seine, et que je relate ici dans son entier, pour que le pays sache enfin de quel côté se trouve la vérité : **DU COTÉ DE LA MÉTHODE GALIN, QUI PROPOSE UNE EXPÉRIENCE COMPARATIVE, EN PRENANT A SA CHARGE TOUS LES FRAIS DE L'EXPÉRIENCE ; OU DU COTÉ DES PARTISANS DE WILHEM, QUI REFUSENT NET L'EXPÉRIENCE QUI NE LES ENGAGE A RIEN DU TOUT.**

Paris, 6 janvier 1845.

A Monsieur le comte de Rambuteau, Préfet du département de la Seine.

Monsieur le Préfet,

Au moment où le besoin de l'enseignement de la musique se fait de plus en plus sentir, et où l'on désire voir cet art se répandre surtout dans les masses, comme moyen de moralisation, je viens vous proposer de faire essayer une méthode simple, facile, presque infaillible dans son application, et dont la puissance a été démontrée par des expériences nombreuses et concluantes.

---

(1) Il nous arrive chaque jour des personnes qui, se destinant à l'enseignement, sont allées, sur la foi des illustres approbations écrites en tête de la méthode Wilhem, suivre les cours qui se font par cette méthode.

Mais au moment de repartir pour la province et de prendre à leur tour, la direction d'un

Mais, comme les expériences isolées ne sont pas suffisantes, parce que, manquant de terme de comparaison, l'esprit ne peut asseoir son jugement, je viens vous demander de faire expérimenter nos moyens, en faisant faire, dans des conditions identiques, *deux expériences parallèles et simultanées*, l'une par les moyens ordinaires, l'autre par notre méthode. C'est la seule manière d'apprécier sûrement les avantages et les inconvénients de chacun des deux moyens.

Une expérience toute semblable à celle que j'ai l'honneur de vous demander est en ce moment en cours d'exécution au Conservatoire de Liége, d'après ce que dit la *Tribune* de Liége du 17 décembre 1844.

Si l'expérience nous donnait tort, l'administration n'aurait été entraînée dans aucune dépense, et le temps perdu pour l'enseignement musical des élèves que l'on m'aurait confiés ne serait que de quelques mois.

Si, au contraire, le succès couronne notre travail, ce qui pour nous n'offre pas l'ombre d'un doute, nous aurons mis entre les mains de l'administration le moyen d'enseigner la musique aux enfants et aux adultes avec moins de peine qu'on ne leur apprend à lire.

Permettez-moi de joindre à ma lettre une petite brochure contenant, à la page 25, le compte-rendu officiel d'une expérience que j'ai faite en grand sur 150 militaires de la garnison de Lyon.

Agréez, monsieur le Préfet, l'hommage du profond respect avec lequel j'ai l'honneur d'être

Votre très-humble et très-obéissant serviteur,

É. CHEVÉ, D. M. P.

M. le préfet a reçu cette lettre le 6 janvier 1845, avant la réunion des Orphéonistes aux Champs-Elysées. Ce n'est que le 4 juillet, *six mois après*, que j'ai reçu de M. le préfet la réponse suivante :

---

enseignement musical, elles sont frappées d'épouvante en songeant qu'elles vont enseigner une chose à laquelle elles ne comprennent rien du tout. Après un an ou deux passés à Paris dans le seul but d'apprendre la musique, après des dépenses énormes, et après une étude ingrate et rebutante ; elles sentent *qu'elles ne savent rien !...* Ainsi, sous un autre point de vue, les voilà arrivées au même point que WEBER.

Et les autorités qui *prescrivent ces méthodes* et ne veulent en *examiner aucune autre*, croient n'avoir pas leur conscience engagée devant le pays !... et elles supposent que quand la France saura à quoi s'en tenir sur les moyens qu'elles patronnent et sur ceux qu'elles repoussent sans les connaître, elle sera satisfaite !... je ne partage nullement leur avis.

PRÉFECTURE DU DÉPARTEMENT DE LA SEINE.

Paris, le 4 juillet 1845.

A Monsieur Émile Chevé, rue Saint-André-des-Arts, 60.

Vous avez exprimé le désir que l'administration autorisât dans les écoles communales de Paris deux expériences parallèles et simultanées, pour constater les résultats qu'on obtiendrait dans l'enseignement du chant(1), de l'emploi de la nouvelle méthode élémentaire inventée par madame Émile Chevé (2), comparativement à la méthode actuelle de M. Wilhem.

J'ai consulté sur cette demande le Comité d'instruction primaire chargé de l'examen des livres et méthodes pour l'enseignement dans les écoles communales.

Par une délibération du 5 juin dernier, le Comité a exprimé l'avis qu'il n'y avait pas lieu d'autoriser les expériences comparatives dont il s'agit.

Par suite de cet avis, je ne puis donner suite à la demande que vous m'avez adressée.

J'ai l'honneur de vous en informer.

Agréez, Monsieur, l'assurance de ma considération.

Le pair de France, préfet,

Comte de Rambuteau.

Convaincu que M. le préfet n'était pour rien dans cette affaire, je lui adressai la lettre confidentielle suivante, ne pouvant croire qu'il vînt à l'idée d'un homme supérieur de refuser une proposition ainsi formulée. Voici cette lettre :

---

(1) Je parle à Monsieur le Préfet de *la musique*, et il me répond par le mot *chant*. Le lecteur voit-il où en est encore l'enseignement musical en France? on confond perpétuellement ces deux idées : *savoir la musique*, et *savoir chanter*. Cela revient à confondre *savoir lire et écrire* avec *savoir déclamer*. C'est par trop fort !

(2) Il est question de la méthode pratique.

Paris, 8 juillet 1848.

A Monsieur le comte de Rambuteau, Préfet du département de la Seine.

Monsieur le Préfet,

Lorsque la constitution d'un pays accorde à un comité quelconque le droit de prescrire la route à suivre pour l'éducation de toute une population, et, par suite, de tout un peuple (puisque Paris guide la France), cette constitution doit avoir implicitement imposé un devoir à ce conseil; c'est, avant d'engager une génération entière dans un chemin, de s'être assuré que non-seulement ce chemin n'est pas une impasse, mais encore que c'est le meilleur connu. Sans ce devoir, ce droit serait monstrueux.

Eh bien! Monsieur le Préfet, voici que l'une des plus grandes découvertes qu'ait faites l'enseignement dans les temps modernes vient à être réalisée; cette découverte, appliquée pratiquement à Lyon sous la sauvegarde de l'autorité supérieure, a été couronnée du plus entier succès; cette découverte est présentée par un homme qui a vingt années de services honorables dans l'état-major de l'armée; par un homme qui a été décoré, il y a quinze ans, sur le champ de bataille, et qui a subi toutes les épreuves scientifiques des facultés avec honneur; cette découverte est consignée dans un livre auquel pas un mathématicien ni un musicien n'a pu faire une seule objection. Enfin, cette découverte, fruit de vingt ans de travaux assidus, est offerte gratuitement à un conseil, avec toutes les garanties morales et scientifiques possibles; et ce conseil, sans voir l'auteur, sans voir le livre qu'il ne connaît pas, sans prendre la peine d'envoyer quelqu'un constater les résultats pratiques que tout Paris peut voir chaque soir à deux pas de la salle des séances du conseil; ce conseil, dis-je, refuse à l'unanimité l'essai d'une route nouvelle, sans avoir seulement voulu savoir ce que c'est!..

Il y a là, Monsieur le Préfet, un double déni de justice; déni de justice pour l'auteur qui, s'il est un homme sérieux, a droit à l'examen de ses travaux, quand cela n'impose aucune charge à l'État; déni de justice bien plus grave encore pour le pays, que l'on n'a pas le droit de priver d'un instrument puissant qui doit accélérer ses travaux et lui assurer des résultats bien supérieurs à tout ce qu'il a obtenu jusqu'ici. Et l'on repousse une chose dont on n'a pas la moindre idée! et l'on condamne sans entendre, sans voir, et sans même prendre la peine de dire au condamné pourquoi on le repousse!..

Est-ce donc à dire, Monsieur le Préfet, que la musique, la plus arriérée des sciences, puisque l'école Polytechnique elle-même n'y peut rien comprendre, seule au milieu du progrès général, veuille rester immobile dans son impasse? Si les autres sciences en avaient fait autant, vous n'auriez pas les chemins de fer, la dorure par la pile, le télégraphe électrique, et tant d'autres merveilles qui, chaque jour, nous étonnent et nous enrichissent.

Je me résume, Monsieur le Préfet : Les moyens ordinaires pour l'enseignement de la musique, et en particulier ceux qui portent le nom de méthode Wilhem, sont absolument incapables de faire un bon lecteur de musique sur dix personnes prises au hasard (je le prouverai au conseil quand il le voudra). Nos moyens nous permettent de faire, en un temps relativement très-court, sans peine et sans ennui pour l'élève, neuf lecteurs sur dix personnes prises au hasard. Ce fait est hors de doute pour tous ceux qui nous ont vu à l'œuvre.

Je viens offrir au premier magistrat de la capitale de lui prouver, *par expérience comparative*, cette assertion, et de le faire gratuitement, tous les frais à ma charge. Si j'échoue, le mal produit au pays est insignifiant : 50 ou 100 élèves, enfants ou adultes, auront suivi une classe plutôt qu'une autre pendant six mois; seul, je serai couvert de ridicule. Si je réussis, toute la génération qui va nous remplacer (et même la nôtre) saura lire la musique comme le français, et sans perte d'un temps précieux dont elle elle a besoin pour des études plus sérieuses; j'ajoute que le commerce de librairie musicale aura centuplé avant dix ans.

Monsieur le Préfet, je ne demande rien; homme de cœur et de progrès, à l'abri du besoin, je désire faire profiter mon pays, et, par suite, le monde entier, d'une immense découverte dont le bienfait rejaillira sur tous, même sur ceux qui la repoussent sans la connaître et condamnent ainsi leurs propres enfants à un travail des plus arides et des plus ingrats. J'offre bénévolement à mon pays mon talent, mon travail et mon argent, pour lui assurer un immense résultat.

Si l'on me refuse encore, que ceux qui causent ce refus demeurent chargés de la responsabilité d'un acte aussi inqualifiable.

J'ai rempli mon devoir, Monsieur le Préfet, devoir bien pénible, car il m'a obligé à employer des paroles bien graves; que chacun des membres du comité puisse dire qu'il a rempli le sien. Le pays, du reste, sera sous peu appelé à prononcer entre lui et moi ; je provoquerai son jugement avec pleine confiance.

Je me permets, Monsieur le Préfet, d'écrire *confidentielle* sur cette lettre, pour être certain qu'elle soit mise sous vos yeux.

Agréez, Monsieur le Préfet, l'hommage du profond respect avec lequel j'ai l'honneur d'être

Votre très-humble serviteur.

É. CHEVÉ, D. M. P.
Chevalier de la Légion-d'Honneur, Professeur de mathématiques, de médecine et d'anatomie, chirurgien en retraite de la marine royale.
60, r. Saint-André-des-Arts.

Voilà deux mois que M. le comte de Rambuteau a reçu cette dernière lettre ; comme je n'ai reçu de lui aucune réponse, je regarde le refus comme définitif, et je viens dégager ma parole en prenant le public pour juge entre le Comité et moi. — Comme je l'ai dit à M. le préfet, j'attends avec confiance le jugement du pays.

Des démarches analogues sont faites près de plusieurs autres grandes administrations ; et entre autres, près de M. le Ministre de l'Intérieur, section des beaux-arts, pour obtenir de faire à *mes frais* une expérience comparative entre nos moyens et ceux qu'emploie le Conservatoire royal de musique ; et pour que l'on ne puisse pas accuser le tribunal d'incompétence, C'EST AU CONSERVATOIRE ROYAL LUI-MÊME que j'ai demandé à faire l'expérience.

Ici je dois remercier publiquement M. le ministre de l'Intérieur et l'administration supérieure des Beaux-arts de l'empressement avec lequel ma demande a été accueillie.

Quelques jours après l'avoir adressée, je reçus de M. le directeur du Conservatoire de musique l'invitation de me présenter le 15 mars 1845, chez lui pour causer de mon affaire. Voilà bientôt six mois de cela, et j'attends chaque jour que M. le directeur du Conservatoire veuille bien me faire accorder l'expérience que je demande ; mais j'ai tout lieu de croire qu'il la fera refuser. Du reste, comme cette affaire est encore pendante, je ne puis en dire davantage pour le moment ; son tour arrivera un peu plus tard. Je le répète, je ne ferai défaut à personne.

Et maintenant, je m'adresse à messieurs du *Comité d'instruction primaire* et à M. le *Préfet de la Seine* qui m'ont refusé ; je m'adresse à

M. le directeur du Conservatoire de musique, qui me refusera sans doute ; je m'adresse à tous ceux près de qui je suis en instance, et qui me répondent d'une manière évasive, ou qui ne me répondent pas du tout, ce qui est plus expéditif : je m'adresse à tous ces hommes placés par la société à sa tête, pour lui indiquer le chemin, et je les supplie très-humblement, MAIS EN FACE DE LA FRANCE cette fois, et NON PLUS DANS LEUR CABINET, de répondre à la simple question suivante :

Un moyen simple et économique est découvert de faire que 9 personnes sur 10 prises au hasard, puissent, sans dégoût et sans peine, dans un temps relativement très-court, et sans prendre sur des études plus sérieuses, apprendre à lire et à écrire la musique comme le français ; et de plus à connaître exactement et bien la syntaxe et la prosodie musicales, c'est-à-dire *un moyen de rendre vraiment populaire la lecture musicale, et l'harmonie.*

Ce moyen est présenté par des hommes sérieux, qui ont derrière eux vingt-cinq ans d'honneur et de loyaux services rendus au pays, et qui ont vaillamment fait leurs preuves dans les facultés ;

Ce moyen a été appliqué en grand sur des hommes, sur des femmes, sur des enfants, sur des *vieillards* (1) ; il l'a été sur cent-cinquante soldats que l'autorité supérieure de Lyon avait pris au hasard ;

---

(1) *Oui, des vieillards !* Au nombre de ceux qui m'ont honoré de leur confiance, et qui n'ont pas craint de se faire enfants pour suivre mes cours, je dois citer en première ligne, le général Louis Bernard, vieux soldat de Moscou, mort au mois de février dernier, des suites d'une affection du cœur.

Le huit janvier 1844, le général Bernard assistait pour la première fois à une de mes leçons ; et, malgré ses soixante-cinq années, s'asseyait à côté d'une jeune fille de dix ans. Il suivit toutes mes leçons avec une assiduité irréprochable, faisant tous les exercices comme sa jeune voisine : chacun admirait l'enthousiasme que ce digne vieillard portait dans cette étude, si extraordinaire pour un homme de son âge, qui ne marchait qu'avec peine. Mais quel ne fut pas l'étonnement de ses amis, quand on le vit, le 5 juin suivant, CINQ MOIS ET HUIT JOURS après avoir pris sa première leçon, ouvrir lui-même un cours de musique, rue de Vaugirard, 87, y réunir gratuitement cinquante ouvriers, et leur faire chaque jour une leçon d'une heure et demie. Son courage et son noble dévouement eurent leur récompense :

Le vingt-cinq août suivant, DEUX MOIS ET NEUF JOURS, après l'ouverture de son cours, (huit mois et dix jours après avoir pris sa première leçon au mien) ses élèves vinrent lui souhaiter la fête, et lui donnèrent un concert dans lequel ils lurent une douzaine de *trios ou de quatuors,* dont un composé en son honneur par deux élèves.

A partir de cette époque, une grave affection du cœur l'obligea de suspendre ses leçons ; ce fut pour lui un coup mortel. Il passa entre son lit et son fauteuil l'automne et l'hiver de 1844 et succomba en février 1845. — Je ne doute pas que l'ardeur qu'il avait apportée à l'étude et à la propagation de la musique n'ait précipité ses derniers jours.

Honneur soit rendu à la mémoire du vieil apôtre ; c'est ainsi qu'il s'appelait lui-même !

Ce moyen est offert gratuitement, pour être *comparé avec les moyens ordonnés par les comités directeurs;*

Et ce moyen est refusé partout, et PARTOUT SANS EXAMEN !..

Eh bien ! je prie toutes les personnes que j'ai citées plus haut d'avoir la bonté de me dire ce qu'il faut faire pour que le pays puisse profiter des découvertes qui sont faites, et *qu'une, deux, trois générations peut-être, n'en soient pas privées par le mauvais vouloir de quelques hommes...*

En un mot : QUELLE EST LA VOIE LÉGALE et LOYALE QUE LE PROGRÈS DOIT INVOQUER POUR ÊTRE PORTÉ A LA CONNAISSANCE DE LA FRANCE ?

Répondez ! — Quant à moi, je ne sais plus où la chercher.

Et maintenant, que tous les pères de famille qui font des sacrifices énormes pour faire enseigner la musique à leurs enfants et qui, neuf fois sur dix, perdent leur argent ; que les malheureux enfants condamnés à une étude abrutissante et dont si peu profitent ; que les pauvres professeurs eux-mêmes, qui ne vivent que d'impatiences et d'imprécations par le dégoût qu'ils éprouvent à enseigner des choses que les élèves ne sentent pas ; que tous les hommes dévoués qui désirent voir la musique se répandre vite et sans peine dans les masses, et qui ne trouvent partout que des perroquets ; que toutes ces personnes, dis-je, ne s'en prennent plus à la musique, *la plus facile des sciences*, et rendue aujourd'hui accessible à tous, comme le langage ; mais qu'ils s'en prennent à l'impossibilité où est le pays tout entier, de reconnaître le bon grain de l'ivraie, de refuser un livre absurde qu'on lui impose, et de prendre un bon livre qu'on lui refuse !

J'ai dit : Fais ce que dois, advienne que pourra !!

É. CHEVÉ, D. M. P.

www.ingramcontent.com/pod-product-compliance
Lightning Source LLC
LaVergne TN
LVHW020326100426
835512LV00042B/1752